逻辑表达力精进手册

赖企心 —— 著

中国纺织出版社有限公司

内 容 提 要

如果你仔细观察，会说话的人正在享受时代的红利。本书从深度理解"逻辑"开始讲起，从基础的逻辑概念，日常的案例进阶到高阶的逻辑思维能力，最终到实战篇讲述如何充满逻辑性地说话。重点介绍了逻辑的构成方法以及说服方法、实战方法，同时列举出常见的误区，并讲解如何避免陷入误区。

本书内容避繁就简，案例丰富，操作性强，特别适合说话没有逻辑，在说话这件事上吃过亏的人，以及想要在说话这件事上更上一层楼的人，也适合演讲口才类讲师们作为教材使用。

图书在版编目（CIP）数据

逻辑表达力精进手册／赖企心著. ﹣﹣北京：中国纺织出版社有限公司，2022.8
ISBN 978-7-5180-9588-9

Ⅰ．①逻… Ⅱ．①赖… Ⅲ．①语言表达—通俗读物 Ⅳ．①H0-49

中国版本图书馆CIP数据核字（2022）第092211号

责任编辑：郝珊珊　　责任校对：高　涵　　责任印制：储志伟

中国纺织出版社有限公司出版发行
地址：北京市朝阳区百子湾东里A407号楼　邮政编码：100124
销售电话：010—67004422　传真：010—87155801
http://www.c-textilep.com
中国纺织出版社天猫旗舰店
官方微博 http://weibo.com/2119887771
鸿博睿特（天津）印刷科技有限公司　各地新华书店经销
2022年8月第1版第1次印刷
开本：710×1000　1/16　印张：12
字数：168千字　定价：55.00元

凡购本书，如有缺页、倒页、脱页，由本社图书营销中心调换

前言

如果你仔细观察，会说话的人正在享受时代的红利。

在一大波受到年轻人追捧的节目中，我们会清晰地认识到这句话背后的含义，比如最近几年热播的《奇葩说》《吐槽大会》《脱口秀大会》等，我们看着一个个素人通过"会说话"这件事迅速蹿红，也可以看到不少反面教材，一些人因为说错话丧失路人缘以及合作的机会。

会说话的人真的太赚了。

因为"说话"这件事，是最容易，也是对人生影响最大的事情。它没有成本，用得好，一本万利，用得不好，覆水难收。当你认识一个陌生人，他一开口就能够让你对他的思维能力、表达水平和认知水平作出基本的判断。从历史的角度上看，我们能产生的价值和影响力来自作品；从近处看，从空间的角度上看，我们的价值和影响力来自说出去的话。会说话的人，每一句话都在产生正能量和价值。

我能给你带来什么价值？

我担任过中国日报《向上的力量》演讲盛典的制片人，也是火星演讲会《CEO的演讲课》项目的发起人之一，参与过超过百名明星、大佬、上市公司CEO、媒体高管等高端精英的一对一演讲培训。在过去四年的时间里，除了一直在做一对一的精英演讲培训，个人也拿过头马国际演讲俱乐部中文演讲冠军、季军等奖项。我周围的朋友都是一起参加过北京卫视《我是演说家》、安徽卫视《超级演说家》的演说家、导演及编导团队成员，他们或自己登台，或者帮助素人成功登上电视级舞台，完成首个个人演讲秀，变成具有影响力的演说家。

我在这些年的实践里，积累了大量的真实案例，以及素人如何成为说话有逻辑的演说家的技能。我把这些经验和积累写进了这本书里，除了对如何进行有逻辑的表达进行深入浅出的介绍，你还可以通过这本书了解在沟通表达过程中，如何避免失误，如何说服一个人，如何做到真诚，以及如何培养深度思维的能力。

这些经验和案例，既可以帮助你提升逻辑思维的能力，又可以让你在表达中如鱼得水。我建议你在阅读的时候，带着目的和问题进行阅读，当你阅读完毕，记得罗列出自己所学会的思维方式及要点。每当你遇到表达上的问题，或当你觉得自己的表达缺乏逻辑、思维深度不够的时候，可以再次翻开这本书寻找答案。

本书从"想要说话有逻辑""逻辑性的构成""提高逻辑表达力的方法""失误的类型""说服的方法"和"逻辑表达实战"共六个纬度进行分享，把生活中常用的逻辑简明扼要地分享给你，并且用生动有趣的案例协助你进行理解和掌握。

当你翻开这本书，你可以知道生活中为什么老板总是不爱听你说话，你可以知道如何准备一场听众愿意听的演讲，如何在日常生活和工作场景中进行有逻辑的说话和表达，还有如何使用"直言三段论""假言三段论"以及"选言三段论"增加自己说话的逻辑力量和气势！

如果你只有十几岁、二十几岁、三十几岁，那么我要告诉你：你真的赚到了！因为学会有逻辑地说话可以给自己带来无限的可能性，而这本书里的观点和思维方式，还有表达法，至少可以陪你走过十年、二十年、三十年，甚至五十年，越早学习和掌握，越能够从中受益。

最后，我想跟你分享我觉得本书内容中最重要的一点，那就是"学习力"。学习力的完整循环是学习、练习、反馈、失误、再学习、再练习、再反馈、再失误，循环往复，永不停止。

学习力，是除去家庭出身外，能够拉开人与人之间距离的最重要的能力，我们一出生就有了各自的起点，这是我们掌控不了的东西。但是学习力决定了我们的天花板能有多高，决定了我们能看到多广阔的世界，决定了我们能够对这个世界产生多大的影响力和价值。永远！永远！永远不要停止阅读和学习！最终你将会收获一个从未有过的高度，那里才是巅峰！

赖企心

2021年2月27日

于北京市海淀区

目录

逻 辑 表 达 力 精 进 手 册

导语

人是一个有机整体，但身体各部分分工各有不同。手可以帮你处理当下的工作，碰到触手可及的东西。脚可以帮你移动身躯、跑步和锻炼。但只有说话，可以帮你把你的想法传递到别人脑子里，说话这件事可以帮助你重塑你的影响力，通过说话你可以管理一个团队，甚至统帅一个队伍，影响一个社会甚至国家。说话是最轻巧的技能，也是最有力量的技能，一旦掌握"有逻辑地说话"这个技巧，它能帮助你发挥自身最大的价值。

音符只有7个，贝多芬却用它谱写出无数悠扬的旋律。

数字只有10个，爱因斯坦却用它打开了宇宙的奥秘。

常用汉字只有3000多个，有人仅仅用它应付日常生活，而有人却可以靠它功成名就。

这个上嘴唇碰碰下嘴唇就能完成的动作，究竟有多少玄机，才能带来千差万别的变化，打开这本书你就能获知一二。阅读这本书，你就能发挥出这个最轻巧的技能最大的价值。

01

第一章

想要说话有逻辑

01　深度理解"逻辑"

逻辑是一个外来词语的音译，指的是**思维的规律和规则**。"逻辑"这个词出现得很早，但直到公元2世纪才开始有现在大家理解中的意义。逻辑学的主题研究在亚里士多德的创始文本《工具论》中才确定，亚里士多德逻辑成为两千多年来人类理性分析和决策的基础。尽管时间流淌，万物更迭，数个世纪之后，当"逻辑"遇上"说话"，同一个逻辑仍然可以表达出千万种说话的方式及含义。

你有没有遇到过这样的人，他可以借助一些精心雕琢的词语说出很好听，甚至撩得人心里小鹿乱撞的话，却只是为了向你推销产品。比如，当你去商场购物，路过冷藏区的时候，推销人员对你微微一笑，说："尝尝我们的牛奶吧，特别新鲜，孩子喝了更聪明，今天打折买一箱送一箱，您要不要买一箱？"

如果你只是听到了很好听的话而忽略了逻辑，你可能真的会买一箱。但是如果考虑说话的逻辑，你就会转念一想："两箱牛奶放一起要喝上一个月，怎么还会新鲜呢？孩子喝了这个牛奶就会变聪明吗？这可不一定。"所以最终你会微笑着转身离开，并顺手拿走两袋今天早晨刚上架的鲜奶。

这就是逻辑的魅力。

说话只意味着发出了声音，但是有逻辑地说话传递的是带有思想的内容，换句话说，逻辑为说的话提供了灵魂。反过来，你可以通过学习有逻辑地说话这件事，掌握这个技巧，锻炼自己的思维方式，提升自己的综合能力水平。

当然，在学习如何有逻辑地说话这件事之前，你需要深度理解"逻辑"这件事。

如何深度理解"逻辑"？你可以看看从东西方不同的文化视角下，分别是怎么理解逻辑的。概括一下，西方说的是现象、工具、方法、本质，东方称为用、器、术、道。

四个层次，代表的是不同的**逻辑深度**。

用，对应的是西方说的"现象"。问题本身涉及的东西就是"现象"，比如你肉眼可见的东西，直观的东西，你看到眼前有一座大山，你看到身边有棵树，这些都是显而易见的东西。当你在"用"这个层次的时候，你看到的、表达的都是表象，是以实物为主的东西。

器，对应的是西方说的"工具"。解决问题的东西，我们称其为"工具"，比如劈柴用的斧头，拆快递用的剪刀，你可以用它解决当下的麻烦，这就是"工具"。当然，用工具的好处是你可以省下时间和力气。当你在"器"这个层次的时候，你提到某件事情，它不是目的，它只是工具，为了引出下文。

术，对应的是西方说的"方法"。解决问题的步骤、方法和流程，比如你想做一道番茄炒鸡蛋，先放番茄还是先放鸡蛋？炒菜的步骤就是解决问题的"方法"，也就是东方的"术"。当你在"术"这个层次的时候，你会思考解决问题和沟通的路径，会考虑应该先说什么，再说什么，最后说什么。

道，对应的就是西方说的"本质"。解决问题的核心关键，思考最重要的东西，比如你需要思考对方提出的问题，搞清楚在这个问题中最本质的东西是什么。他为什么提出问题？他的动机是什么？当你在"道"这个层次的时候，你可以看到更多话语背后的本质。电影《教父》中有句经典台词：

"在一秒钟内看到本质的人，和花半辈子也看不清一件事本质的人，自然是不一样的命运。"

这句话高度概括了"本质"的重要性，所以说逻辑的深度其实是**探寻本质**

的过程。

在古代，有个这样的故事，一个和尚要去远方求取真经，路上饥寒交迫，途经风霜雨雪。

有一天，和尚乘船入海，雷电交加，风雨侵袭，海浪猛烈地拍打着船只，小小的船在海上显得格外渺小，一叶扁舟，在大风大雨的侵袭之下，左摇右晃，就像是大海在玩捏在手掌心的叶子一般，眼看着马上就要翻船。这时候，和尚害怕半途丧生，紧皱眉头，拼命地抓紧围栏。

与此同时，他看见老妇人抱着婴儿坐在船头，老妇人看着怀中的婴儿，眼里满是微笑，迎面打来的雨水并未激怒老妇人，她平静得犹如早已脱离这苦海。后来海浪带走了老妇人和婴儿，和尚随着海水漂流被人救下。

和尚不解，即使过了很久，仍然对这一幕耿耿于怀。

有一次和尚路过某地，看见大街小巷的人都被变戏法的吸引住了，于是他也凑近去看。他凭借自己的聪慧，一眼就看破了戏法是怎么变的，并当着所有人的面戳破了谎言。众人瞬间觉得没了意思，一哄而散，和尚特别得意地走了。

故事的最后，和尚走了一路，历尽千帆，到达了藏有真经的宝塔前。他费了九牛二虎之力找出了真经，打开后却发现上面一个字都没有。和尚简直是一头雾水。这时候高人现身了，原来高人就是那个变戏法的，他大隐隐于市，并试探着和尚，谁承想和尚果真中了圈套。

经高人指点，和尚最终得悟，他终于理解为什么老妇人在生命终结之际如此平静。风雨雷电和船只都只是现象，老妇人想明白了自己没有办法改变当下的局面，于是抱紧了自己最重要的东西，那就是当下与婴儿相处的每分每秒。老妇人不是看不见风雨，不是不害怕，她只是选择抓住最核心的东西，抓住最美好的东西，仅此而已。

这个故事出自《妖猫传》。在中国，我们讲究不同的境界，第一种境界是看山是山，看水是水，就像是故事里看得见的大雨、摇晃的船只；第二种境界是看山不是山，看水不是水，就像和尚在船上看到了死亡的步步紧逼，于是惊恐万分；第三种境界是看山还是山，看水还是水，就像老妇人在生命最后抓住婴儿，享受最后在一起的时光。最后一层含义，说的是你看清了事物的本质，从而做出最重要的选择。

你有没有注意过，你身边有的人确实很聪明，当看出一点点奥秘的时候，他就急不可耐地要说破，以彰显自己的聪慧？就像是故事里的和尚，他看破了戏法是如何变的，直接戳破，这也导致围观群众瞬间失去了乐趣，一哄而散。有的时候，你自己也会有这样的经历，你明明看出了奥秘，为什么不戳破呢？培养逻辑的深度，本质上不是为了炫耀，而是为了在看清本质之后，选择说什么样的话，做出对自己和他人最有利的事情。

这是我们培养逻辑表达力的最终目的。

逻辑的深度，分成四个层次，三个不同境界，从"用"到"道"，从"现象"到"本质"，锻炼逻辑表达力，锻炼的是逻辑思维的深度，并通过说话的形式展现出来。在后面的章节我们会介绍不同的方法和技巧，帮助你提升说话的逻辑，通过阅读和学习，最终让你在每一个说话的场合里都能够随时随地有逻辑地说话。

02 说话的重点

一个拳头打在身上，可能会打出一小片淤青，但是同样的力量，用一根针扎在身上，却能一针见血。力量相同，受力点不同，得到的效果也不同。

说话也是一样，同样的一段话，没有重点，说出来可能不痛不痒，而一旦你选择强调说话的重点，语言就会像针一样立马见效。

那么，如何能够说话有重点？你需要遵循三个原则："重点前置""金字塔原理""过滤无效信息"。

第一：重点前置。

在你开口说话前，先想一想自己要说什么，并且"用一句话总结你最最重要的信息"，养成说话的习惯——"将重点前置"，刚开口的第一句话就说明重点。

比如，你要跟领导沟通工作，一般有三种情况：一种是汇报工作进展，一种是请求许可，还有一种是请求协助。

不懂重点前置的你可能会这么跟领导说："领导，因为我们马上要举办年会了，我们的大客户王总的二胎马上出生了，他媳妇儿的预产期就在我们年会左右，所以王总来不了了，我们VIP的座位空出一个名额需要补充。"听到这里，领导也许会云里雾里找不到重点。

懂得重点前置的你需要这么说："领导，我需要麻烦您定一下新改的年会VIP名单，原因是王总有事来不了。这是名单，您从备选中挑选一个即可。"

第一句话就要告诉对方自己的重点是"我需要你帮我做什么""我和你说话的目的和重点是什么"。原因和细节如果对方不需要知道，那么不需要讲得太过于详细，以免混淆视听。

第二：金字塔原理。

金字塔原理最早来自著名作家芭芭拉·明托，金字塔的基本结构是：中心思想明确，结论先行，以上统下，归类分组，逻辑递进。先重要后次要，先全局后细节，先结论后原因，先结果后过程。

简单地说就是，每一段话都先说核心信息再说具体内容，并且每一个细分项目都在开头进行总结，以此堆砌出金字塔的逻辑结构。

相较于重点前置，金字塔原理的重点在于，你讲述的内容和举例都是存在一定逻辑的。

比如，"我今天买了水果，有香蕉、苹果和棒棒糖。"

这句话符合重点前置原则，但是不符合金字塔原理，因为棒棒糖不属于水果。符合金字塔逻辑的说话方式是：

"我今天买了水果和糖果，水果有香蕉和苹果，糖果有棒棒糖和QQ糖。"

要培养说话有重点的能力，需要你在生活中对各方面都主动地进行总结和概括，这并不是简单地堆砌信息，而是需要进行一定的逻辑分类。换言之，当你进行内容拓展的时候，你要有一定的根据，按照一定的逻辑进行总结概括。

第三，过滤无效信息。

过滤无效信息指的是给你说话的内容做减法。当你提炼出了自己需要讲述的"最核心内容"，其他的信息就可以进行删减。这里分享给你一个小技巧，那就是当你准备进行沟通的时候，你可以不断地反问自己——"我删掉这个内容会不会影响核心信息的传达？"

当你准备跟领导沟通一件事时，应不断地问自己"删掉要讲的这个可不可以""删掉那个可不可以"，不断删除与核心内容无关的信息。最后你会得到无论如何也不能删掉的东西，那就是你最需要讲述的重点内容。

过滤无效信息是基于你知道要讲的重点内容是什么，你在讲述当中根据金字塔原理，有逻辑、有依据地讲述信息，反向推理自己需要删减的部分，以此达到说话有重点的目的。

精简自己的说话内容，就相当于在艺术展中做空间留白。你还记得自己去看画展、雕塑展的时候吗？里面的艺术品不像超市里的商品那样摆得琳琅满目，艺术品之间有足够大的空间去做留白，站在艺术品面前，你可以认真观察，享受时间和空间，甚至可以拓展自己的想象力空间。你的思维无限延展开来，超越了你以往所有的认知，那些作品慢慢点亮了你的想象力。

但是如果所有的艺术品都叠在一起，像超市商品一样又多又挤，你将很难在这样拥挤的作品里体会到美感。说话其实也是一门艺术，重点突出的说话方式，精简的内容，其实是给对方留下空白和想象空间。

其实你看我们的唐诗和宋词，看我们的四书五经，你会发现古人说话是非常精简的，《论语》中说："君子欲讷于言而敏于行。"意思是少说话多做事，君子要做到话语谨慎，做事行动敏捷。所以你看，言谈之间，要做到精简其实是不容易的，诗句的美感、古人的智慧都藏在这些精雕细琢的句子背后。

总之，你想学会说话有重点，就要理解并且掌握"重点前置""金字塔原理"和"过滤无效信息"这三个说话的原则。

当然，我们并不是在每一个场合都要用上这三个原则，只是在你觉得重要的场合运用即可。千万不要在和女朋友吵架的时候，突然想起说话要有逻辑，于是你说："亲爱的，你是个懒虫，懒得打扫和整理，懒得打扫卧室和客厅，懒得整理穿过的脏衣服和脏袜子。"

逻辑是对的，但是你女朋友一听，很可能会立马跟你说："那好吧，我勤快点儿换个男朋友！"

看清楚说话的时机和场合也很重要，好了，相信读到这里你已经掌握了如何有重点地说话了，那么不妨试试看，找个适合的说话场景，用一用上面的原则和方法，测试一下自己的掌握程度。

03　保持表达的一贯性

保持表达的一贯性。表达很好理解，但是一贯性是什么意思呢？一贯性是指**表达过程中的一致性**，风格一致，称谓一致，这些都属于一致性，但一致性又不仅限于此。你要做到保持表达的一贯性或者说一致性，就需要研究说话的逻辑，根据一定的逻辑进行表达，是保证表达一贯性的根本。

研究说话的逻辑，分成四个部分，分别是："逻辑的构成""逻辑的方法""失误的类型"以及"说服的方法"。

第一部分：逻辑的构成。

逻辑的构成，分成开头、本论、结尾，以及逻辑结构类型。我们经常说一个人说话毫无逻辑，形容那个人说话简直是"前言不搭后语"，说的就是缺乏逻辑。何以见得呢？就是这个人的开头、本论、结尾说的不是同一件事情。比如，前面说我们要做一件感天动地的大事情，后一句就说家里米没了，一会儿去买米，紧接着又说张三挣了多少工资……长篇大论下来，听众就是不知道他要表达什么，甚至讲述者自己都忘了自己一开始要讲什么了。

构成逻辑，要求开头、本论、结尾都在同一个逻辑结构里面。当你想要开始一段言论，你需要说很多事情，事情和事情之间有内在的联系，开头和结尾都指向一个方向。

比如，你要装修新房，开头就说"我要装修新房了"，本论是我怎么装修，从哪开始装修，找谁装修，结尾依旧是跟"我要装修新房了"有关的事情。当然，我们在讲话的时候，并不需要时时"咬文嚼字"，不必像对联一样，每个字都十分工整押韵。你说"我要装修新房了"，结尾说"我装修新房是因为我要结婚了"，这是同一个逻辑里话题的延展性。

这两句话分别放在"开头"和"结尾"，都跟"我要装修了"有关，但是话题点之间做了内容的延展。在后面的章节我会陆续给大家介绍逻辑结构的类型。

第二部分：逻辑的方法。

逻辑包括形式逻辑与辩证逻辑，形式逻辑包括归纳逻辑与演绎逻辑，辩证逻辑包括矛盾逻辑与对称逻辑。对称逻辑是人的整体思维（包括抽象思维与具象思维）的逻辑。

在逻辑的方法里面，涉及命题的种类、必要条件和充分条件、说明的方式，以及论证和推论。你会认识到真言三段论、假言三段论、选言三段论；你会了解演绎法、归纳法、辩证法。熟悉和掌握这些逻辑方法有助于你在说话的时候有逻辑。

在后续的内容中，会详细说到逻辑方法中的说明方式。说明的方式有很多种，最重要的说明方式就是"简化"。简化听众的理解逻辑，简化听众的理解过程，简化听众理解所需要的知识量以及认知水平。

在表达的过程中，不应该只有单向的输出，而应该有着双向的信息交互，也就是我们说的，良好的沟通环境需要沟通双方一起创造。那么在有逻辑地说话这件事上面，分析听众是谁、听众的喜好、听众的文化教育水平、听众的痛点，以及听众将会对什么样的论点、论据产生兴趣，都是进行优质的表达前需要做的准备。

有人会问，"说话"这件事，难道不就是上嘴唇碰了下嘴唇，轻松就可以完成的吗？但是其中的奥妙就在于很多人是"有准备地说话"，很多人是"随口一说"，这之间的差距有十万八千里。

准备一篇有质量的演讲，需要完整练习50遍，这是最基础的。在北京卫视《我是演说家》的幕后，当一个素人想要站在节目里面完成一篇优质的演讲，那么在登台之前，定稿的稿子至少需要被逐字逐句地修改30遍，甚至每一句话的语气、语调、情绪、动作、手势、眼神、站位都是被精心设计过的。

在很多人眼里，演讲不过是当着一堆人的面，开始滔滔不绝地讲话，内容不过是东家长和西家短。但是对于《我是演说家》这个舞台来说，每一篇演讲稿，每一个人的演讲都是一个精雕细琢的艺术品。观众只看到一个人在台前讲述，但是背后有撰稿、导演、服装、化妆、道具、灯光、大屏幕、音乐、视觉设计师、秀导、导播、摄影、摄像、后期、宣传、发布、新媒体、广告、赞助、冠名等加起来超过百人的团队，这个团队的所有努力，在每一个演讲者身上凝聚成一个焦点，展现给所有观众。

如果做不到进行特别充足的准备，那么在自己上台讲话之前，至少完整地练习几十遍，练习对于一个想要提升口才的人来说至关重要。

第三部分：失误的类型。

失误的类型，包括远离主线、无根据地反驳、采取脱离身份的角度、陈述不完整的前提和不正确的事实，以及感情用事和只说自己的观点。远离这些失误，防止掉进失误的陷阱里，才能在有逻辑地说话的时候，较少出现失误，或者完全避免出现失误。

第四部分：说服的方法。

说服的方法，包括说服的本质、说服的逻辑、真诚地说服，以及说服的方法。在后续的内容中，会进行深度讲解。

04　根据主线讲故事

如果你要去一个完全陌生的地方，你会怎么做？你会直接打开手机导航，跟着导航先步行，然后坐地铁，接着换乘，最后步行到达目的地。你有没有想过，导航为什么能够精准地将你带往目的地？

答案很简单，因为导航有地图，而且导航地图上的每一个标志性建筑物都被标记得非常清楚。表达也应如此。如果你在表达之前就有一张明确表达路线的"地图"，你能不能跟着"地图"所显示的路线图，精准地达到目的地呢？

答案是：当然可以。

根据主线讲故事，就是帮助你找到**语言里的地图和路线图**，协助你到达目的地。那么，怎么样才能迅速找到路线图呢？

第一点，**你需要明确一个"动机"。**

这个动机是你讲故事或者表达想要达到的效果。在开始讲故事之前，问问自己：我是跟谁讲？我要告诉他的最核心内容是什么？我要达到什么目的？

比如，年底了，年终奖迟迟下不来，你去跟老板谈判，老板给你画了一张大饼，带着你想象公司上市后市值过亿，你将会迎娶白富美，走向人生巅峰。这时候老板问你："怎么样，今年的年终奖就不发了吧？"

你要是生气地说"老板，你太抠了！"那完了，老板不仅不想给你发年终奖，还可能给你穿小鞋，让你日后在公司度日如年。你要是忍着不说话，默默地承受，老板可能会觉得你好欺负，发现你好说话，以后逢年过节的福利削减，还有可能把你当成"老好人"，每次都把公司快要过期的米面粮油发给你，反正你也会默默忍受，直到你实在是受不了了，哑巴吃黄连之后还丢了工作。

作为一个血气方刚的年轻人，你受了委屈，得了不公正的对待，你当然想怼回去。那该怎么说？这个时候，你就可以给老板讲故事了。

你就说："老板，我给你讲个故事，三国的时候，有个大官，叫小卢，他小的时候家里穷，两个哥哥接连去世，他只能艰难求生，后来他学习工作都特别努力，以至于成年后在朝为官，也特别清廉。那个时候官场里的人都惯于互相吹捧，特别是选拔人才的时候，都说自己推荐的人才是最好的。这时候皇帝出来了，皇帝说，这次选拔交给小卢，只有他不会在地上画饼让我吃。"

老板一听，好家伙拐着弯告诉我不要"画饼充饥"，又好气又好笑，幽默的故事也不会让他觉得你特别冒犯人，他听完你说的小故事自然也就明白故事背后的意义了。

第二点，**寻找标志性"建筑物"**。

标志性"建筑物"，意思就是说在讲故事的时候，不要脱离主线，要有明确的"事件"，用以提醒自己讲到哪儿了。这就相当于你在看导航的时候，如果背离了标志性建筑物，你就知道自己跑偏了，就能及时掉头。

标志性建筑物可以是一件事情，可以是一样东西，甚至可以是一些转折词，比如，"突然""紧接着""但是"。但最好是一些简单好记的"关键词"，简单到过"耳"不忘，因为不复杂的东西更便于大脑在讲述中清晰地找到或者联想到。就像是导航中你会记住那些最高、最突出、最明显的建筑物长什么样子，是什么颜色的，还有上面有哪几个大字。但是，你却很难记住一排长得差不多的商铺。

"标志性建筑"的特点是简单、好记忆、有记忆点。我们在演讲的时候，有时会发现自己说着说着，就说跑偏了，其原因一方面可能是我们的演讲根本就没有主线，没有关键词，但更可能的是连我们自己都忘了"最关键的地方"在哪里。所以关键词不仅需要简单好记，彼此之间还要有一定的"联系"，有一定的"逻辑"，是可关联的东西，这样的关键词更容易被想起来。

另外，你需要在开始讲述前就知道"标志性建筑"是哪些。如果你要跟别人说辣椒炒肉怎么做，那关键词一定有辣椒和肉；如果你要跟别人讲工作进展，那关键词一定有什么时间、什么人、做了什么事情、有什么结果。

在讲述之前就确定两三个关键词，在讲述当中，说到关键词的时候，就像看到了导航中的标志性建筑一样，让你明白自己说到哪儿了，后面还有哪些要说的，这样说话才能心里有底，才能沿着主线讲故事。

第三点，**抵达"目的地"**。

在前面的小故事里，讲述的最后点明了核心，那就是"不要画饼充饥"。我们的任何一段讲述都要在结尾有意识地点明自己想要表达的核心观点。就像看电视《奇葩说》一样，你要"结辩"，否则的话，大家都不知道你说完了。

同理可得，如果你只是讲到"他在从政"，不讲述结尾，听众会听得不知所云，这个时候，你需要重新再阐述一遍结论，甚至直接点明主题，对方才能够听懂你的意思。如果你真的学会了精准地表达和沟通，就会发现，其实在开头和结尾都点明主题，你的观点才是最容易让人记住的。

总结一下：第一步，明确做这件事的"动机"；第二步，找到关键的"标志性建筑物"；第三步，抵达"目的地"。掌握好这三个步骤，你就可以在任何场合轻松驾驭"根据主线讲故事"这个技能了。

有的时候，你会发现你讲述的内容越多，这个技能就越好用，因为增加内容只不过是多了几个关键词，多了几个关键的"标志性建筑"而已，根据关键词进行内容的延展，其实就是内容的扩充，这样一来你的讲述逻辑会非常清晰，在记录和背诵的时候你也能更快加深印象和理解。

05　逻辑错误

在我们的表达中，最容易出现的问题其实是逻辑问题，当我们说完一整段论述，细拆开来，每个点都好像没有过错，但是放在一起就觉得没有逻辑，这个时候应该注意的是论述的整体逻辑有没有问题。

单说一两个故事和案例往往不会有逻辑上的问题，但是涉及多方面、多角度的论述，在表达的时候就容易出现逻辑错误。

现在，我们来看一些大家经常犯的逻辑错误，下面罗列出了6种逻辑错误的类型，方便大家在表达时提醒自己，避免出现这些习惯。

类型1：以偏概全。

以偏概全，是指从小概率事件中得出普遍的结论。比如，一个人发现自己家的孩子不爱读书，邻居家孩子也不爱读书，因此得出结论，所有的孩子都不爱读书。当所使用的案例代表性非常小的时候，就几乎不能够体现普遍结论。同理可得，当你说我加班，同事也加班，因此我们全公司每天都加班，从逻辑的角度来讲这是以偏概全的，是错误的。

在我们描述一个群体或一个大概率事件的时候，以偏概全的描述会让你听起来逻辑不正确，所以在表达的时候谨慎使用这样的词，例如"因为，所以，全部都是""最……""由此推理可得，大家都……""我从来不"。

类型2：惯性思维。

惯性思维，是指根据讲述者本人的生活经历推理相关的事情进展，以此得出假想中的结论。比如，今天老板一定会跟往常一样迟到，所以你觉得自己可以占用他的办公桌吃早饭，结果在吃得正香的时候，老板推门进来，与你四目相对。惯性思维经常会在潜意识里帮我们作决定，这种由于长时间生活和工作经历导致的习惯会阻碍我们换个角度看问题，经常导致逻辑错误的发生。

一些不良的习惯甚至可以随着惯性思维酿成大错。

有一个寓言故事，说一个学徒用各种瓜，在上面盖着假发练习剃头，每次都习惯性地在剃完后把刀插在瓜上。练习时间久了，手法越来越纯熟。有一次，师傅说："来吧，看你练得不错，给我剃个头。"徒弟开开心心地说："好嘞！"

说时迟，那时快，三下五除二，眼看剃头快要结束了，师傅刚说："剃得不错！"学徒听到师傅夸自己，笑得得意忘形，习惯性地说完"得嘞"，手一甩，刀插在了师傅头上。

当然，这只是一个小的寓言故事，但是一些不起眼的小习惯，特别是思维的习惯会让我们"想当然"地作出很多决定，而每一次出错，事后想想都会觉得"我怎么又在这儿错了"。这种"总是在同一个地方跌倒"的经历，就是逻辑错误中的惯性思维导致的。

想要避免这样的习惯性逻辑错误，就需要在表达的时候，拥有"空杯心态"。像第一次说、第一次做一样，保持空杯状态，才能不落入惯性思维的逻辑陷阱。

类型3：类比失当。

类比失当，是指当有很多论点需要论证的时候，我们会拿类似的案例作为类比，但是因为不同案例取材和目的不同，类比并不一定恰当。

比如，鸡生蛋和蛋生鸡表明卵生动物可以完成生命的循环，那么恐龙蛋和恐龙也可以像鸡蛋和鸡一样循环。这是一个明显的类比法，但也是明显的逻辑错误。恐龙出现在数十亿年前，鸡蛋的出现依据目前的记载则是4000多年前，都是卵生动物，但因类比失当导致逻辑错误。

类型4：诉诸权威。

诉诸权威，是指我们在论证的时候引用名人名言，作为佐证或者参照。但如果这个名人并非论点相关的专家，或者在这个领域并无大众认可的资历，那么就会导致逻辑错误。

比如，有个人说我们将邀请袁隆平先生指导我们最新的电影，所以电影一定票房大卖；又或者说，我们这次的水稻种植专门请了周星驰帮我们做分析，所以未来水稻一定长得很好。

这么说有点夸张，但是诉诸权威是经常出现的逻辑谬论，我们引用跟论述主题领域无关的名人名言，或者重大事件，去论证相关的观点，这样在逻辑上是错误的，只有相应的、匹配的名人名言才能作为论据。

类型5：人身攻击。

人身攻击，是指我们在论证的时候将矛盾点从问题本身牵引到个人身上，以此论证该人说的话是对或者错，因此导致的逻辑错误。人身攻击，直白地说就是从这个人做了一件错事，推论出他是个坏人，他说的话都是错的。这显然不符合逻辑。

不仅是做了错事，外貌、家庭、职业都会成为人身攻击的理由。比如，这个人是个胖子，他一定吃太多不爱健康，所以他给的建议都是没用的。但对方可能只是遗传性肥胖，肥胖跟他所提的建议、观点没有直接联系。利用人身攻击进行论点论据的证明，明显也是不符合逻辑的。

类型6：文字歧义。

文字歧义，是指我们在论证的时候，对主题的某个词组的多重含义进行深挖，以此强行证明逻辑论点。比如，"我喜欢一个人"这句话可以有两个意思，第一种是我喜欢一个人待着，喜欢独处；第二种是我喜欢上了另外一个人。

在《奇葩说》中有个人叫欧阳超，在运用文字歧义方面简直是出神入化。他说："下班之后要回复工作群消息，因为下班之后就是上班。"下班被理解成了瞬间的动作，下完班就是上班，从字面上来说好像没毛病，但是仔细琢磨，这不就是文字歧义吗？

再有，他说他看到药盒的包装上写"如有损毁请勿食用"，接着他又说："我撕开就是损毁，损毁请勿食用，难道我要整盒吞进去？"你一听，心想："好像是这个道理啊，我撕开包装不就是损毁了吗？"但其实厂家的意思是在你拿到时包装有毁坏，代表药物被暴露或感染，请勿食用。

辩论的时候文字歧义可以帮助你拉票，但是在论证一个观点的时候，使用文字歧义证明观点就会影响别人对你的好感，会让对方感受到你的逻辑错误。

06　关注对方的感受

生活中，往往有很多"感受"被忽视的小事。你有没有遇到过这种情况？

情侣吵架中，你说："你想要的我都给你了，为什么你还是大声跟我吵，我到底哪儿做错了？"女朋友说："你就是错了，你还不知道哪儿错了，真是气死我了，你怎么一点都不懂我？"

女朋友总觉得男朋友做得不到位，男朋友一直不明白自己错在哪儿了。有一个真实的故事，说一个男生用一本本子记录女朋友生气的原因，前天是因为水太烫了，昨天是因为买雪糕的时候看了别的女生一眼，今天是因为吃饭没有喂给她吃。好多网友看完，发现这么多原因里，甚至没有几个是重复的，女朋友总能生气，网友们都觉得太搞笑了，调侃这位男朋友连呼吸都是错的。

今天我们来揭秘，为什么很多人在沟通的时候，容易吵起来，甚至闹到此生不复相见的地步。

归根结底，就只有一个最重要的原因，那就是**"没有关注对方的感受"**。对方的感受被忽视了，他觉得自己在沟通中不被在乎、不被重视、不被照顾，这就导致了低效的沟通。

美国心理学家乔纳森·海特写过一本书叫作《象与骑象人》，他在书中说："人的大脑是分裂的，感情像大象，理智像骑象人。当你有理智的时候，你是骑象人，你骑着大象，你想往哪里走，大象就往哪里跑。当你失去理智时，相当于大象生气了，有情绪了，大象跑起来，骑象人可控制不住"。

可以说大部分时候，情绪能比理智更快地控制我们的大脑。你一定听过很多类似的情商课、情绪管理课、避免消极情绪的课程，等等。情绪管理甚至有专门的学科和研究人员，可见普通人控制情绪其实是有难度的。

我们回到这节的主题，关注对方的感受，换而言之就是关注对方当下的情绪状态，是开心、喜悦、悲伤、难过、愤怒，还是厌恶。

在沟通前，应该先关注对方的情绪状态，识别对方的情绪状态，然后才考虑沟通的内容该怎么阐述。那么，如何关注对方的感受呢？

首先，是掌握时间，注意停顿。

一个人单向阐述的表达时长，最好是3分钟。如果你超过了3分钟，应该有意识地停顿一下，等对方说话。要不然，就算对方想要说话，也会因为你滔滔不绝而不好开口。

你可以在阐述中注意手机、手表、墙上的时钟，一旦时间过长，就主动停下来，等待对方的发言及反馈，以便于沟通更好地继续下去。

我们经常看相声、脱口秀、演讲，甚至是电视节目，你会发现，台上的演员动不动就会跟台下的观众互动。比如，冯巩在春晚一登台就说"观众朋友们，我想死你们啦！"观众们齐声喊："好！"然后掌声笑声一片。这就是关注对方感受的细节，有的时候不一定有对话，等别人的掌声、呐喊声，甚至在演唱会现场把话筒朝向观众，让观众一起大声齐唱也是在关注着对方的感受，也是在和沟通对象产生联系。

如果你是这次沟通的主角，你可以掌握沟通的节奏感，给别人说话的机会，不用担心对方会不会说得过多，会不会抢走话语权。一般情况下，没有准备的发言内容属于即兴表达，即兴表达者在叙述过多之后，在无新内容需要表达之后，会自发地尽快结束。

其次，是**关注对方的肢体动作**。

当你关注对方感受的时候，可以注意观察对方的肢体动作。当对方双手交叉抱胸并且后仰，与你保持距离时，说明他对你说的内容保持戒备。当对方坐着与你交谈，双腿朝向门口的方向时，说明他此刻正想离开。当对方眉头紧皱，下意识地抿嘴，不断地喝水、抖腿，说明他早已厌烦了当下的沟通内容，需要赶紧结束话题。

有的时候，身体比语言诚实，这些微动作会反映出对方的心理状态和真实的想法。当然，在沟通中也并不只有负面的肢体信息。

当对方身体前倾，目光如炬，非常专注地听你讲话时，代表你说的内容他很感兴趣，可以说多一些。当对方一直点头示意，甚至说一些"嗯，对，我也这么想"之类的词语时，代表目前为止你说到了他心坎上。

在关注对方感受这件事上，肢体动作可以让我们很快知悉对方的内心真实想法，你甚至不用花太多时间，就能靠"察言观色"捕捉到沟通中的意外信息。当然，当你捕捉到了这些信息，你就可以根据这些情况作出调整，是继续说还是停下来，或者要不要转移话题。

最后，是**询问对方的感受**。

询问对方的感受一般会放在沟通的结尾，类似于问对方"你觉得呢？""你的意见呢？""我想听听你说"，甚至你可以直接问："你感觉怎么样？""我有没有哪里有冒犯到你？""我很想知道你现在的感受，可以跟我说说吗？"

这是一种更直接的方式，明确表示自己很在乎对方的感受。这种直接的询问会让对方有种被照顾情绪的愉悦感。

当我们在争吵的时候，也许并不是事情本身出现了问题，而是感受没有被彼此重视，有的时候鸡毛蒜皮的小事也能让一对夫妻离婚。女孩的潜意识里说的是"你没有像从前一样在乎我了"，口头上可能说成了"你不爱我了"，男孩百口莫辩，心想"礼物我都买了，你还想怎么样，你就是不想谈了"，于是两人分道扬镳，双双泪两行。

当我们处于极端沟通环境中，就比如在争吵的时候，我们其实更应该关注对方的感受，询问对方的感受，当对方处于失去理智的状态时，你就告诉自己，"她这个骑象人只不过是被疯狂的大象带跑偏了而已"。当你先解决了情绪的问题，安抚了疯狂的大象，问题很多时候就迎刃而解了。

所以，如果在极端沟通的情况下，你都知道该怎么去处理，那么放到日常的沟通当中，你也可以轻松地利用这个技巧，提升自己沟通表达的能力。

我们再回顾一下如何关注对方的感受，先要掌握时间、注意停顿，让对方拥有表达的空间，其次是关注对方的肢体语言，根据对方的肢体语言作内容上的调整，最后是询问对方的感受，让对方觉得自己被重视、被体贴和照顾，这样你就可以在沟通中无往而不胜了。

07 培养逻辑思维

当你在生活中听到"逻辑思维"这个词的时候，第一时间会想到什么？

罗振宇。

我猜得对不对？

因为罗振宇是《罗辑思维》的主讲人，也经常把"逻辑思维"这个词挂在嘴边，所以你的第一反应其实是你最经常接触到的相关人物。2015年罗振宇的跨年演讲《时间的朋友》一度成为大家津津乐道的话题。

但是从2019年开始，大家发现听了这么多关于逻辑思维的演讲、课程、书籍、纪录片，却在现实生活中依旧不具备良好的逻辑思维能力，于是开始排斥这样的内容，部分网友会直言有些人在"贩卖焦虑"。

为什么？

因为逻辑思维的本质是**"知识"**。

各位，这点非常重要，记住这两个字："知识"。

几乎所有人都有过上学的经历，参加过九年义务教育，但是回过头来，上课所学的知识还记得多少？用过的有多少？深度研究的又有多少？可能很多人会说，这跟逻辑思维的培养有什么关系呢？毫不客气地说，关系特别大，当你的知识量足够大，你的逻辑思维能力就会足够好。

古代有句话叫作"授人以鱼，不如授人以渔"，意思是给别人鱼不如教别人怎么钓鱼。但是教授知识其实并不直接产生结果，只有被教的人付出行动、持续投入、犯错、反思总结、迭代后继续行动才有可能培养好一个技能，但显然很多人不具备这样的耐心和行动力。

培养逻辑思维的第一步，是**"积累知识"**。

积累知识分两种，读过的书和经历的事。

举一个具体的例子，我小时候家里是个小卖铺，还没有开始学九九乘法表的时候，我就已经开始算怎么给人找钱了。那个时候没有支付宝和微信，大多数的小商店大人不在的时候，小孩也会帮着收银。

这件事还有另一个好处，那就是使我积累了大量的与人沟通交流的经验。长大后我参加了不少学校的广播站、校园文刊、主持团，毕业后做过4年的CEO演讲培训，参与了国内最顶尖的演讲类节目之一的《我是演说家》，亲自参与过一对一演讲培训，培训学员超过百人，里面大多数是企业家、明星、媒体高管等，身边是国内做演讲最厉害的一群人，我自己阅读过上百本沟通表达相关的书，也在头马国际演讲俱乐部比赛中斩获了冠军和季军。

以上是我的背景。有一次，我去参加一个活动，活动主办方在台上卖演讲相关的课程，主讲人说自己从小到大吃苦的经历，讲自己多么成功，有多么擅长演讲，以至于在演说家的舞台上拿到了冠军。

刚好她说的这些内容就是我最擅长和了解的领域，她的演讲功力不仅比不上优秀的演说家，而且煽动性极强的演说只限于推销用处。我在微信问了该节目导演这个"冠军"的资质，才了解到所谓的冠军，不过是某个培训项目的结果，并非大家所熟知的电视台节目的冠军。

所以无论她当场说得多么天花乱坠，令现场多少人痛哭流涕，我都没有下单购买该课程。当你读过的书和经历过的事使你积累了足够多相关行业的知识时，你可以看到整个体系的知识框架，这时你的逻辑思维推导出合理的决策是自然而然的。如果一个人想要成长起来，阅读和历练缺一不可。

培养逻辑思维的第二步，是**"深度和系统地掌握知识"**。

学习知识并不是听到了就代表已经掌握了。水稻的种子种在地里，尚且需要阳光雨露，施肥除草除虫，然后才是收割。知识也一样，当我们想要深度和系统地掌握一个技能，你可以把相关的几十本书，甚至上百本书一起读完。当你读完一个人的书，你会发现作者有自己的思想和见解，也会有自己的弊端。当你读完几十本同类型的书，你的知识架构就会开始形成，你会知道这个系统的金字塔最底层的内容和类目是什么、中层是什么、高层是什么、高层以上涉及的学科和研究是什么。你会知道这个世界上相关领域最厉害的是哪些人，他们拥有什么成就。当你对这些知识都了如指掌，普通人想要在你面前撒谎，你就能够一眼识破。

学会建立知识的系统性，然后进行刻意练习，把这个技能当作吃饭、喝水、睡觉一样，不断重复训练，获取优质反馈，反馈最好是能够为你带来直接现金收益的。

正反馈越多，你掌握的可能性越高，这期间你会不断尝试、不断犯错、不断修正自己的相关知识体系，直至完全掌握该技能。

你还要是跟高手过招。如果你能够找到国内或者全世界最顶尖的一群人，他们具备该技能的顶尖水平，跟他们讨论、使用该技能，你会发现每个人都会有自己成型的、成熟的底层逻辑。如果能够完成这一整个循环，并且重复多次，你在该领域就会成为专家或者仅次于专家的人。对于你所熟知的领域，你的逻辑能力会帮你作出最优决策。

培养逻辑思维的第三步，是**"养成逻辑思维的习惯"**。

当我们还没有足够的时间完成上述内容的积累，那么培养逻辑习惯就是重中之重。良好的逻辑习惯却无限接近真相，也即十万个为什么。

十万个太多，我们来定一个标准，每次发生问题，问自己十个"为什么"。当你不断问自己为什么的时候，你就无限接近于真相。这个办法可以帮助你大量地了解问题背后的知识。

比如，孩子近视了。

为什么？

因为总是看电子屏幕。

为什么？

因为一些老师布置了线上作业。

为什么？

因为作业需要在App上打卡完成。

为什么？

因为App可以帮助更快地上传和批改作业。

为什么？

因为教育类App拥有很多竞争平台，各个平台用线上的方式平衡教育资源的分配不均，改善平时上课写纸质作业提交慢等问题，加速教育的普及。

为什么？

因为教育资源分配不均。

为什么？

因为城市拥有虹吸效应，优质的师资向大城市倾斜。

当你问到第6~10个问题的时候，你会发现你问的不再是一个简单的问题，而变成了宏观的视角。想要回答宏观视角上的问题，需要更多的知识积累，需要了解更为丰富的知识架构和逻辑体系，在后续的内容里我们会展开对于逻辑的各种深度探讨。

总而言之，如何培养逻辑思维？要做好这些：第一步是知识积累，第二步是深度和系统地掌握知识，第三是养成逻辑思维的习惯。遇到问题要问十个为什么，你思考的逻辑链条越长，探讨的内容越多，就越能够无限接近真相，提升逻辑思维的能力。

08　如何提高说服力

在职场上，我们经常会遇到需要"说服"别人的情况，说服领导涨工资，说服同事协助工作，说服下属跟自己一起努力。但有的时候你会发现，说服一个人比干好一件事难多了，事只有办得好、办得不好两种结果，但是说服一个人需要考虑的可太多了。那么，有没有一些基础的说服技巧，可以增加说服成功的概率呢？当然是有的。

在讲具体操作之前，我们需要判断自己需要的说服层次，说服也分不同的程度。当你在说一件小事的时候，你需要达到的对听众的说服程度可能只是对方愿意听、能理解。但是如果你需要在职场上说服同事跟你一起做事情，那么你需要的说服程度将会提高，因为这会涉及对方是否愿意行动。还有一种最高程度的说服，换个词，应该说"鼓动"，你需要一群人一起支持你，就像美国大选，演讲者需要同时说服大量的人，甚至让这很多人同时采取行动去支持演讲者。

不同程度的说服，所需要付出的努力当然不一样，在这里，我们介绍一些不管是大场合还是小场景都能够用得上的说服技巧。

第一点，**调整焦点，描绘共同愿景**。

我们为什么愿意听一个人讲话？最重要的原因是"这跟我有关系"。这是作为一个普通观众最直接关心的利益点，看电视可以带来快乐，玩手机可以买东西，时间是成本，让人愿意花时间一定是有原因的。不信你到街头自说自话，看看路人是否会为你停留？愿意为你停留的人极少。

我们第一步要做的，就是调整自己讲述的焦点，描绘与听众共同的愿景，给听众一个"听你说话"的理由。在这里，我用到了"调整焦点"这个词，而不是一致的焦点。当你在讲述的时候，听众可能是一个人、两个人、三个人，甚至一群人，你千万不要面面俱到，不要试图满足每一个人，你要做的是找到这些人"共同关注的焦点"。

比如，我们都爱挣钱，当你说"兄弟们，我有个活儿可以带着你们挣钱！"所有人会齐刷刷朝你看过来。"挣钱"就是大家统一的焦点，你不需要分别说要带着张三卖鞋子挣钱，带着李四卖衣服挣钱，带着王老五卖钻石挣钱。当你面对张三、李四、王老五一群人进行表达的时候，你只要说会带着大家挣钱，大家就愿意往下听，一对一说服的时候才需要具体到某个人的挣钱路子。

调整焦点，描绘共同愿景，还要把大家都想要达到的目标描述出来。人们不愿意为过去买单，但是大家都愿意为未来努力。如果你要说服一个人，不仅要找出别人愿意被你说服的理由，还需要找出你们共同的愿景，这样的说服不仅当下管用，也能保证后续的合作顺利。在共同愿景实现之前，说服一个人可不只是当下他听进去了这么简单。

第二点，**摆事实、列数据**。

当你讲完共同的愿景，下一步其实是证明"我可以"。用什么证明？最简单直观的就是事实和数据。告诉对方，为什么你可以做到？因为你做出了一些成绩，因为你以往的成功经验可以证明你能帮助对方实现愿景。

很多创业者在进行路演的时候，都会把自己以往相关的工作经验说出来，以此证明自己确实有能力做好这个项目，以增加自己说服力。投资人在听了之后不仅会增加对创业者的认可度，还会在确定合作之前进行"背景调查"，简称"背调"，调查创业者提到的数据和经历的真实性。

摆事实、列数据作为增加说服力的技巧是很重要的，当你在一个完全陌生的人面前想要增强自己的说服力，没有任何以往的成功经验，对方只会认为你在吹牛。尽管信不信是对方的事情，但是有没有相关的经历就是自己的实力体现了。当然，当我们说一件事自己有能力做到的时候，要注意所列举的事实和数据一定是有关联的，最好是有强关联的。比如，一个销售去新的公司应聘，他说的应该是自己过去成功推销过多少产品，拿过多少次销售冠军，在最难的时候是怎样说服客户成交的，成交的季度最大销量是多少。

第三点，**打造信任状**。

打造信任状，可以从三个角度进行，首先是自己的身份背景，其次是第三方，最后是集体行为。

首先，如果自己有强有力的**身份背景**，可以让对方知道。比如，同样请家教，你是愿意一个北大教授来教你，还是一个隔壁不知名小学的班主任来教你？在面对陌生人的时候，我们会从这个人的人生经历、背景、职称上对其作一定的判断。

如果你开车在路上，看到穿制服的交警，你会不会下意识地调整自己的开车规范程度？即使你根本不认识对方。这就是制服带来的信任状，医生的制服可以让你在看病的时候感觉到心安，交警的制服可以让你整顿自己的开车规范程度，在超市寻找所需物品时，超市工作人员的制服都可以使你更加信任对方。

在讲述过程中，增加自己的背景可以增加可靠性，从而提高说服力。这些背景可以是职称、制服，甚至珠宝首饰和所开的车辆。

其次是通过**第三方**打造信任状。如果你需要说服一个人，不管是陌生人还是熟人，有对方认可的第三人，都可以增加你的可信程度。这种情况在营销中非常常见，比如，"我是你的什么？""你就是我的优乐美"，一听这句对话，你会想到什么画面？你会想到周杰伦甜甜地对你笑，然后你开开心心地买了一杯又一杯优乐美奶茶。

这已经是我们小时候的广告词了，但是过去这么多年依然令人印象深刻。奶茶品牌这么多，为什么你会想到这个？还不是因为品牌请的代言人你非常喜欢，非常认可。

那么，不是明星可不可以呢？当然可以。第三方还可以是知名公司、大学，或者任何机构。在招聘的时候，互联网巨头，如腾讯、阿里、网易等大公司更容易招到优质的应届生，应届生们也更愿意去大品牌和知名的公司工作。

最后是**集体行为**。我们可以利用集体的心理特点，同时说服一群人去行动。在《乌合之众》这本书里面，作者古斯塔夫·勒庞说到过这么一种大众心理状态，叫作集体无意识。简单来说，就是单独的个体会有自己的鲜明特点，会有自己的思考，但是一群人中往往会出现从众心理，形成集体无意识，个人的思想会被群体思想所取代。

你走在一个陌生的街头，发现有一个人正盯着地面，你可能不会在意，但是如果有一群人围着一个地方看，这时候你心里就会想：什么情况？他们在干吗？我要不要一起看看？我不看会不会错过什么？

这就是从众心理。放在说服这件事上，你可以在说服的最后告诉对方，某人已经同意了这个方案，有多少人会和他一起做这件事。参与的人越多，越能提高说服力。在人类的本能里，从众是一种不需要思考的"安全行为"，人类会下意识地觉得"大家一起做事更安全"，特立独行反倒是危险的，这样的心理比比皆是。

所以在利用集体行为增加信任程度，从而提高说服力这件事上，记得告诉对方你已经获得了多少支持，他并不是一个人。

总结一下该如何提高说服力。第一点，你需要调整焦点，描绘你和对方的共同愿景。第二点，你需要拿出过往的经历，摆事实、列数据，给对方相信你的理由。第三点，打造信任状，你可以说说自己厉害的背景，也可以通过制服和名车这种外在表现形式提高说服力。你还可以通过第三方的推荐、介绍，踩在巨人的肩膀上达到目的，甚至可以通过告诉对方某个人已经认可你的方案，用集体的力量强有力地提升说服力。

02

第二章

逻辑性的构成

01 开头

学习逻辑性的构成，需要学习组成逻辑的思维方式，上一章是站在整体角度讲述了想要说话有逻辑，该如何注重说话的重点、一贯性、根据主线讲故事，以及逻辑思维和说服力等。

这个篇章是"逻辑性的构成"，从本章开始，本书会从开头、本论、结尾三个方向细致地讲解如何在表达中构建逻辑性，并在最后一个章节中罗列出常用的逻辑结构类型，方便读者记忆和使用。

逻辑性的重要构成部分——**开头**。

第一点：**明确核心论点**。

在表达中构建逻辑，需要在开头的部分明确核心论点。跟逻辑论证不一样，逻辑论证一般是先列出命题，然后加上合理的论证结构论述，最后生成具有价值的论点。

在表达中，逻辑性的体现需要首尾呼应，要先把核心论点，也就是平常说的结尾抛出来，引起对方的重视，然后进行论证和演绎。

在一次公开表达中，核心论点有且只能有一个，表达的过程应是以核心论点为中心铺陈出论据和案例，结合合理的论证过程，最终证明观点正确。

第二点：**说听众喜闻乐见的命题**。

在开始说话之前，观察下你的听众是谁。是一个白发苍苍的老者，还是吃着麦芽糖，缺着半颗门牙的小孩儿，又或者是世界500强的高管？听众的身份背景，决定了他对什么命题和论据感兴趣，在表达的时候，没有唯一性，但是听众的口味就是你的最佳答案。

说听众喜闻乐见的命题。具体来说，如果听众是老者，那么你就说如何把头发染黑以及延年益寿；如果听众是小孩，你就说如何吃到更多零食和糖果；如果听众是高管，你就讲讲如何快速赚钱。

命题选择对了，听众兴趣就增加一大半。除了选择听众喜闻乐见的素材，素材的"可输入性"也很重要。

什么叫作素材的可输入性呢？

就是对方听得懂的语言和案例，语言应简易化，在表达过程中应说出"大白话"，这种话是老人小孩都听得懂的语言。

可输入的语言一定是听众脑子里有过印象的东西。比如，在对普通大众说话时，你说："我们注意到在水里面的所含有的氰化物对张三产生了严重的刺激，导致当事人瞬间肾上腺素飙升，视网膜见光性持续走低。"

这么一说，听众脑子里的反应就是："什么？什么？你在说什么？"换成可输入的语言就是："张三吃了毒药，两眼一黑，死了。"至于具体的名词和化学反应等"专有名词"，除非该领域的专家，否则大多数人都是听不懂的。如果你想要再解释、解释，等你解释完，天都黑了。所以，说话其实是一件很有技巧的事情，说一些对方听得懂的话，才能四两拨千斤。

第三点，**预设听众反应及准备对策**。

在演讲中，要预设听众反应及准备对策，其实听众的反应无非三种：第一种是认可，第二种是无所谓，第三种是反对。根据每一种反应可能发生的概率，想好如何应对，就能把意外的事件变成自己掌握范围内的事情。

当众表达完整的环节应该是，你先陈述，听众给出回馈，你针对回馈再进行陈述，然后是总结和收尾。很多人都只想到了第一步，准备了很多听众想要听的素材、命题和数据，但对于听众会作何反应没有预案。这也导致了很多宣讲，听众吸收度不高，讲了也白讲其实，这一步是需要用更多心思准备的。我们在很多现场舞台节目中都能看到这种形式，相声里叫作"现挂"，演讲里叫作"互动"，课堂上叫作"点名回答问题"。你想想看，小时候被点名要求回答的那道题，是不是令你印象深刻？毕竟回答不出来还是很丢脸的。长大了也一样，自尊心不允许自己当众出丑，所以每个人都希望自己能够表现得当。

总结下，开头要准备的其实不少，首先是明确核心论点，核心论点只能有一个，以核心论点为中心延展内容；其次是说听众喜闻乐见的命题和素材，要准备听众能够理解的大白话，要准备可输入的素材内容；最后是预设听众的反应以及准备相对应的解决方案。一个好的开头事半功倍，准备越充分，博得满堂彩的概率越高，想要说话有逻辑，接着往下看本论。

02　本论

本论是指论述中的主体部分，是分析问题、论证观点的主要部分。在确定了论点之后需要建立一个论证结构或者多个论证结构，通过逻辑论证来证明论点的正确性。

本论可以用各种逻辑结构类型支撑论证，具体的逻辑结构类型在后续的内容中会细致介绍。这一章节的本论部分，详细介绍本论中的建立论证、论证类型，以及如何做到无重复和无疏漏地论证。

第一点，**建立论证**。

建立论证是基础，是理解论证是什么。忘记你现在所有知道的、看过的、学习的、认识的关于论证的解释，重新理解一下论证是什么。

从"已经"到"未知"，就是论证。

从"已知的信息"推理出"未知的信息"，就是论证。

从"已知的信息提炼出观点"，加上合理正确的论证结构，推理出"未知但正确的观点"，就是论证。

推理的过程就是论证的核心，而论证由至少两个因素组成，这两个因素是"前提"和"结论"。建立论证，就是建立"前提"和"结论"之间的关系。

前提可以由多个命题组成，也可以形成复杂的命题交织，但是需要命题之间互为逻辑关系，比如，大鱼吃小鱼，小鱼吃虾米，"大鱼"和"虾米"之间有"小鱼"这个逻辑链接。

你一定听过那个著名的故事："失了一颗铁钉，丢了一只马蹄钉；丢了一只马蹄钉，折了一匹战马；折了一匹战马，损了一位国王；损了一位国王，输了一场战争；输了一场战争，亡了一个帝国。"环环相扣，逻辑缜密。据说该故事由真实的英国战争故事演变而来，一颗铁钉，影响了一个国家的命运存亡。

建立论证，需要列出所有命题，可以是简单的或者复杂的命题，但是需要先把命题，也就是前面说的前提列出来，然后确定论证结构类型。

第二点，**论证结构类型**。

基础的论证结构类型有肯定论证、否定论证、假设论证以及三段论。

肯定论证即证明一个"肯定"的观点和结论。例如，人都是会死的，所以叫作小明的人会死。

否定论证即证明一个"否定"的观点和结论。例如，没有人可以跑得过飞机飞行的速度，所以博尔特也不可以跑得跟飞机一样快。

假设论证是指证明中的命题是假设性的条件，形式大多为前提是"如果A"，结论是"那么B"。例如：如果他高考成绩超过700分，那么他将被理想中的大学录取。

三段论由"大前提""小前提""结论"三段组成。由一般规律，放在"个别"的个体或具体对象上，推导出符合一般规律的情况。

三段论最著名的结构案例是：

大前提：人都会死。

小前提：苏格拉底是人。

结论：苏格拉底会死。

建立论证，不仅需要列出所有命题，将前提完整呈现，还需要找到适合的论证结构类型，除以上介绍的几种外，还有很多复杂的论证结构类型和环环相扣的命题设计，有兴趣的读者可以通过阅读相关书籍深入了解，这里只介绍在表达过程中方便理解和使用的简单逻辑论证结构。

在准备好命题和结构之后，还需要准备分论点和论据，前面说过最好只有一个核心论点，但是核心论点也可以分成各个方面的分论点。在一段讲话中，核心论点被拆分成重要的分论点，结合论据加以佐证。

第三点，**无重复且无遗漏的论据**。

在论证过程中，应把所有可能发生的情况一一列举出来，并确保它们之间相互独立且不交叉。

这种办法又叫作**MECE法则**，MECE法则是"相互独立，完全穷尽"的意思，即针对一个重大的议题，能够做到不重叠、不遗漏地分类，而且能够借此有效把握问题的核心，并有效解决问题。

它是麦肯锡的第一个女咨询顾问巴巴拉·明托在《金字塔原理》这本书中提出的一个很重要的原则。

通常的做法分两种。

第一种是在确立问题的时候，通过类似鱼骨图的方法，在确立主要问题的基础上，再逐个往下层层分解，直至所有的疑问都被找到，通过对问题的层层分解，可以分析出关键问题，并找到初步解决问题的思路。

第二种是结合头脑风暴法找到主要问题，然后在不考虑现有资源限制的基础上，考虑解决该问题的所有可能方法。在这个过程中，要特别注意多种方法结合有可能会形成新的解决方法；然后往下分析，列出每种解决方法所需要的资源，并通过分析比较，从上述多种方案中找到目前状况下最现实、最令人满意的答案。

在进行论证的过程中，把所有可能发生的情况一一列举出来，相互独立且不交叉，而且完全穷尽，以此保证逻辑的缜密。

03　结尾

开头、本论、结尾构成了整个论证过程，在结尾的时候，需要重复核心论点，强调核心论点，并且设计一个令人印象深刻的结尾，或者说高潮。在语言表达中，第一句和最后一句往往最为关键，很多演讲者会把最后一个环节统一为"上价值"，即是这个最后的演讲或者表达的高度应源于生活，高于生活，最终形成一种具有艺术价值的观点。

一个精彩的结尾是被设计过的结尾。如果你在演讲的开头，用一朵玫瑰代表生活像花瓣一样一片片被摧毁，在演讲的最后你可以用魔术，令花瓣重新变成一朵崭新的玫瑰，预示着新生活的开始。

这样的"上价值"，不仅体现在语言表达中，也体现在电影中。大部分的电影，在结尾处都会有"价值体现"，比如带来一个胜利的奇迹，一个生命的奇迹，一个未来的希望，等等。

在一段逻辑缜密的表达之后，结尾即是亮点和高潮，这个亮点需要把核心论点用艺术的方式表达出来。如何增加结尾的亮点呢？可以从两方面增加：**初心和愿景。**

在演讲或者表达的开头，演讲者已经将核心论点抛给了观众，因此在结尾的时候，观众对于核心论点是"已知的"或者是"未引起重视的"。增加对初心的描述和愿景的描述，可以增加核心论点的价值尺度，从而说服更多观众认可该论点或者价值观。

"初心"是为什么做这件事，为什么核心论点是这个。

"愿景"是做了这件事会创造什么，为了什么而相信这个核心论点。

描述初心和愿景只有一个目的，那就是引起共鸣，共鸣会引发情绪高潮，也就是我们肉眼可见的所有人群情激昂、热血沸腾、掌声雷动的状态。

在本论结束之后，已经用论证得到了核心论点，如果还需要引起听众的注意，就需要重新描述问题，重新描述引起所有听众好奇心的、相关性强的、有兴趣的问题。这个过程也叫作"问题重述"，把所有听众的思绪拉回聚焦的论点之上，最后结合上述所说的"上价值"，抛出有价值的观点及结论，用夸张的、艺术的处理，引起所有听众的共鸣。

有逻辑地说话，需要在开头、本论、结尾进行不同的设计。开头的时候就抛出核心的论点，强调讲话的核心关键词；在本论中建立论证，选择不同的论证结构，用相互独立、完全穷尽作为标准，列出问题或者命题所涵盖的所有前提条件，进行论证和推理，并得出结论，也就是论点；在结尾处，设计一个能引起共鸣的、有价值的观点，最终说服现场所有人认可该论点的形成。

拆解完有逻辑地说话这件事的纵向结构，我们可以再从横向对比中，学习不同的逻辑结构类型，以丰富自己的语言表达体系，结构化自己的语言表达逻辑。

结尾的类型主要有以下几种。

第一种，**放大镜式**结尾，从小到大，描绘不同的意义。

例如：这是一个家庭的缩影，这是一个社会的面貌，这是一个国家的未来，这是一次人类的进步。

第二种，**缩小式**结尾，从大到小，描绘细节的作用。

例如：一粒时代的尘土，落在某个时间点上就是一座大山。新冠肺炎疫情为一座英雄的武汉城，带来了阴霾。这场疫情跟每一个家庭，家庭中的每一个人，息息相关。每个人都要学会戴口罩、勤洗手、少聚集，这些每个人轻而易举的事情，却是阻断疫情扩散最有效的办法，是驱散阴霾和尘土最有效的办法！

第三种，**名人名言式**结尾，用震撼人心的诗句或者词语，衍生出更高格局的视角。

例如：做教育不是为了当下，不是为了声望，更不是为了名利！做教育是为天地立心，为生民立命，为往圣继绝学，为万世开太平！这就是教育的意义！

第四种，**发人深省式**结尾，用启迪式的核心论点征服听众。

例如：在演讲的最后，我想跟你重新描述一下什么是勇敢。哈珀·李写的《杀死一只知更鸟》里对于勇敢是这样描述的：勇敢是，当你还未开始就已知道自己会输，可你仍然要去做，而且无论如何都要把它坚持到底。你很少能赢，但有时也会。

第五种，**幽默式**的结尾，用幽默的技巧博得满堂彩。

例如：今天讲完所有的故事，在座的各位中仍然有人觉得我是"丑人多作怪"，在演讲的最后，我想告诉大家，话糙理不糙，尽管我长得丑，但是我想得美啊！谢谢大家！

04 逻辑结构类型

沟通中的表达需要有逻辑性，整体的描述是根据一定的逻辑结构组成的。在开头，提炼了表达的核心观点，明确了要如何做一个漂亮的开场白，那么，接下来就是设计逻辑结构，让听众在接收的时候，觉得你说的话有逻辑，而且反复推理都没有问题，甚至让他们无法质疑。

想要说话有逻辑，可以参考这些逻辑结构类型：数字拓展逻辑、总分总结构逻辑、时间逻辑、钟摆逻辑、空间逻辑等。

逻辑结构类型1：**数字拓展逻辑**。

数字拓展，是指按照12345这样的数字顺序，罗列出你想要表达的论点，用数字帮你概括每个细分项的重点。数字拓展法的好处是重要程度根据数字的大小决定，数字越小，内容越重要，通常前三项为最重要的论点。

在使用数字拓展的时候，可以在开头即告诉听众自己需要讲几个点，让听众对于内容长度有所预判。这个逻辑结构能拓展出很多用法，在很多公众号文章的开头，作者会在开头写出"本文3000字，阅读需要8分钟"，类似这样的数字提示能帮助读者预估自己所需要投入的时间和精力成本。

比如，你要跟老板汇报产品相关app的研发进度，你可以这么说：

"老板，我们产品相关app研发的工作内容已经完成了一大半，第一点，主菜单以及主画面通过产品经理、开发团队和运营团队协调沟通并更新迭代，第一版本app已经确定并且进行了测试。

"第二点，用户内测情况和数据以及反馈，客服部门已经制作好总结表，请您看一下。

"第三点，这个星期内，我会带领各个部门把剩下的工作做完，并且在一个月内做好第二次优化迭代工作。"

利用数字拓展法可以迅速且高效地捋清逻辑，你可以将要讲的内容按照重要程度分成1~7点，最好是分成3个点，不要超过7个点，不然会显得内容不够精练，也会分散听众的注意力。当你将逻辑捋清楚，开始讲之后，听众能够很清晰地听到你第一点要说什么，第二点要说什么，第三点要说什么。

当你遇到突发情况，数字拓展法也可以是"缓兵之计"，帮你争取更多的时间以及更快地捋清自己的逻辑。有的时候，其实你还没有想到要说什么，可以一开始就说我今天就讲三点，边说边准备，当然，有时间和精力在开始之前就做好充足的准备，自然是一段优秀演讲的关键，不打无准备之仗。

逻辑结构类型2：**总分总结构逻辑**。

总分总结构就是按照总论点+分总论+总论点的节奏，把你想要表达的观点告诉对方。

比如，你要跟老板申请活动经费，可以这么说：

"老板，这次公司的内部比赛活动需要20万元经费。上次我们公司内部的比赛因为遇到下雨，临时延迟了足球赛活动的时间，导致场地费多花了3万元，所以这次我们提前查看了天气情况，并且找到了万一下雨也可以代替的室内场所，省下来一笔费用。

"另外，详细的经费清单文件我已经发到您微信了，您可以抽空看看，如果没有问题的话，我们这次活动的20万元经费需要在活动前一周支付50%，活动后一周内支付尾款，一共需要20万元预算，您看可以吗？"

总分总结构最典型的特征是第一部分和最后一部分都要传达核心信息。总分总结构用习惯了，可以套用到大部分的讲述中，而且可以帮助对方在聆听讲述的过程中不自觉地对内容进行二次吸收，帮助对方更深刻地记忆和理解，方便重点核心论点或观点有效传达，避免信息出现遗漏，特别是重要信息。

精简的逻辑结构设计需要把核心内容传递出去，但同时也需要把自己所做的工作说出来，让老板知道，自己做了活动预算的计算工作，以及准备了遇到突发状况时的预案，以控制意外事故的风险。从另一个角度来看，这也是一种为公司节省成本的方法。会表达的人，在职场上不会白干活。

很多职场新人，都不会职场表达，只会加班熬夜苦干，结果付出的远比得到的多。他们想不通为什么老板就看不见自己每一天的拼命努力工作，不理解为什么领导不知道自己工作有多辛苦，不知道为什么会说话可以给自己省下很多力气。其实，聪明的职场人知道"会做事"很重要，但是"会说话"往往在一些重要的场合更重要，会说话可以帮职场人打通升职加薪的道路。

逻辑结构类型3：**时间逻辑**。

时间逻辑，就是依据时间顺序进行论点或者论据及案例的罗列。时间逻辑可以分为"顺叙""倒叙""插叙"，不同的时间需要用一些时间指示代词代表。在使用的时候，需要捋清楚时间逻辑。

时间逻辑中的"顺叙"：**顺时间叙述**。

可以使用的时间指示代词有：

"过去，现在，未来"

"上个月，这个月，下个月"

"去年，今年，明年"

"历史上，现如今，从今往后"

顺时间叙述，也可以以某个事件为时间节点，体现过程的顺序。比如：

"结婚前，结婚后"

"项目前期，项目进行中，项目结束后"

……

有一些时间逻辑可以表现得更婉约、优美，时间逻辑构建了一个有韵律的记忆。比如："真正爱上一个人之前，以为爱是占有，是吃醋，是疯狂；真正爱上一个人之后，才发现爱是惦记，是付出，是成全。"

还有著名的作家余光中写的《乡愁》：

小时候，乡愁是一枚小小的邮票，我在这头，母亲在那头。

长大后，乡愁是一张窄窄的船票，我在这头，新娘在那头。

后来啊，乡愁是一方矮矮的坟墓，我在外头，母亲在里头。

而现在，乡愁是一湾浅浅的海峡，我在这头，大陆在那头。

时间逻辑中的"倒叙"：**逆时间叙述**，通常以当下作为时间的起始点，讲过去的事情。

可以使用：

"今年，十年前，二十年前"

"当今，古代，原始时期"

"老年，中年，青年，童年"

运用倒叙，可以以时间段为节点，也可以以某个人或者物体，甚至空间作为"对标物"。比如，在讲述人类演化时，依次讲述人类现在的形态、人猿时期的形态、人猿前期的形态。

在很多电影里面，也经常使用倒叙的方式讲故事。比如，《本杰明·巴顿奇事》这个电影，由一个耄耋老人讲述了一个传奇人物的一生，那个人从出生就像个老人，拥有老年人才会有的骨质疏松、老年斑、皮肤老化褶皱等问题，然后随着时间的流逝，他变得越来越年轻，他跟所有人的生命进程都相反，从一个老人最终变成了一个婴儿。

时间逻辑中的"插叙"：**把时间作为主线，按一定的逻辑重新编织故事**。

"插叙"是大家比较陌生的词，但其实所有人在看电影的时候，都曾看到过插叙，它可以是对一件事情的"解析"，或者本身成为一个叙述技巧。最常见或者相对比较好理解的插叙手法叫作"蒙太奇"。

比如，故事里有两条主线，插叙就是将时间上平行的两条故事线进行互相交织和穿插，在不同的时间和空间中，用一定的逻辑编织起来。

比如，前几年挺火的电影《误杀》中，男主为了制造不在场证明，把全家人带出去过了丰富精彩的一天，吃饭、看电影、住酒店、退房、看拳击比赛，给酒店前台、司机、拳击赛现场工作人员都留下了印象，并且找到了各地垃圾桶里案发当天的票据，以此作为全家的不在场证明。

插叙是相对来说比较难掌握的时间逻辑表达法，但是只要你有自己的逻辑主线，以事情或者某个目的为主线，插入不同时间点的事件，其实就可以完成。要想设计一个精巧的时间逻辑故事，插叙可以帮助你提高创新程度，使表达事半功倍。

逻辑结构类型4：**钟摆逻辑**。

钟摆逻辑，是指像钟摆一样说话，类似于我们印象中的"中庸之道"，但是又不一样。钟摆逻辑分为两种情况。

第一种钟摆逻辑：A好，B好，A+B最好。

例如：

A说，"我觉得年终奖直接给员工发奖金最好，奖金实用又实在，拿到手里的才是自己的，福利奖励又不能吃，没有什么实际用处。"

B说，"我觉得放假最好，每天加班，人都累丑了，年终奖不如多给些假期，我也好去放松一下，光有钱没时间花也不行。"

这时候，你可以采取钟摆逻辑，跟他们说："我觉得吧，你们说得都有道理，但是最好是把每个人的年终奖分成两个部分，有一部分是奖金，有一部分是假期，既可以给大家更多的休息空间，又让大家有经费去休息，有时间又有钱是最好的选择。"

第二种钟摆逻辑：A也不好，B也不好，C最好。

例如：

A说，"现在是后疫情时代，都没有新增病例了，我们公司的两三百人应该坐在办公室一起办公，这样的效率比在家办公高太多了。"

B说，"我觉得现在还没有那么安全，应该在家办公，避免聚集和接触，谁知道会有什么情况呢？还是保命要紧，工作重要还是命重要？"

这个时候，你觉得他们说得都比较极端，那么你可以使用钟摆逻辑，对他们这么说："集体办公确实效率高，但是风险也大，这个不可取。在家办公虽然风险低，但是工作效率也低，光在家办公也不行。我觉得我们可以采取换班制，一半人居家办公，一半人在公司办公，每周或者每两周轮换，同时在公司办公的人严格注意社交距离，办公不挨着坐，隔开工位办公，用餐不聚集，设立间隔位，最大程度进行日常消毒杀菌，并且在各个卫生间都准备杀菌洗手液，在工位上准备免洗洗手液。"

逻辑结构类型5：**空间逻辑**。

空间逻辑，是指以场地范围为逻辑进行讲述。在空间确定之后，讲述相关的案例、数据或者故事。

比如：

"我经常过着三点一线的生活，教室、宿舍、食堂。"

"在公司里，在家里，在商场里。"

"在中国，在英国，在日本。"

"在山上，在海里，在你眼里。"

"桌子上，桌子下，桌子旁。"

03

第三章

提高逻辑表达力的方法

01　逻辑表达的基础

逻辑表达的基础是掌握一些清晰的概念，在需要有逻辑地说话时，这些概念就像是数学公式，能帮助你迅速找到答案。

逻辑谬误的根源是对概念的不清晰，比如，偷换概念、简化概念、对人不对事、感情用事、无法验证的概念等。为了更好地学习逻辑表达，我们需要清楚地知道以下这些概念。

第一个概念：**命题**。

在逻辑学的范围内，"命题"是指人们使用陈述句所断定的东西。陈述和命题，通常被作为同义词使用，但是在逻辑学范围内，命题的使用程度高于称述，在一些逻辑学家的使用习惯中，也经常会混用。

命题包含简单命题、复杂命题、条件命题或者叫作假设性命题。在任何使用场景中，命题都必须存在于逻辑论证过程中，这是一个逻辑论证过程成立的必要条件。

比如：

"太阳每天都会升起。"

"每只小狗都是哺乳动物。"

"每只金鱼都需要水。"

"假如通过了复赛，就可以进入决赛。"

这些都可以成为命题，简单的或复杂的陈述句，还有假设性的句子都可以成为命题。

第二个概念：**论证**。

论证，就是在已知命题的基础上，推理出一个"断定"新命题。这些断定的命题或者说陈述句有的是真的，有的是假的。

在沟通表达的过程中，会使用大量的命题和论证，并且用一定的逻辑结构把语言组织在一起，可以在一段演讲中拥有多个由命题组成的前提，也可以拥有多个结论。

比如：

"因为他这个月经常加班，而加班能够拿到加班费，所以，他这个月工资一定比上个月多。"

第三个概念：**推论**。

在从已知命题的基础上推理出一个"断定"新命题的过程中，推论是其中的思维过程或思维形式，其中已知的命题是前提，得出的命题为结论。

推论指代的是思维的过程。

第四个概念：**必要条件**。

必要条件是逻辑中的一种关系形式。如果没有A，则必然没有B；如果有A而未必有B，则A就是B的必要条件，在数学里记作"B→A"，读作"B含于A"。

概括一下就是，如果没有A则必然没有B，则A就是B的必要条件。

比如：

"如果没有氧气，人类必然不能存活，但有氧气的地方未必就有人，氧气是人类必要的生存条件。"

第五个概念：**充分条件**。

如果A能推出B，A就是B的充分条件。

比如：

"如果输掉了比赛，就会被淘汰。"

逻辑的基础，除了一些相关的概念，其实还包含了所有的科学、人类正常的推理，以及自然界的一切规律。前文提到，逻辑的本质是知识，知识的积累量决定了决策的准确性。

这些知识不仅来自课本、书籍，更多的还来自生活本身。春去秋来，树叶会经历冒出新芽、长大、变绿、枯黄、掉落、腐烂、渗入泥土或化为灰烬的过程。万事万物有自己的生长周期和规律，用真实的视角观察、记录、分析这些规律就是逻辑本身。

逻辑很少被人提起，却无处不在，它是自然生长出来的力量，也是科学家总结出的科学规律，如果你仔细观察，你会发现任何一件事、一个物种都有自己的节奏感，这种节奏感就是逻辑。

有一次，记者采访李子柒，问她拍摄的脚本是不是自己写的。她说，春种秋收，切菜炒菜吃饭这就是每个人都在做的事情，如果这个也算是脚本的话，那我的脚本就是生活本身。

这段话诠释了很多自然法则，也适用于大部分逻辑表达的内在意义，当产生逻辑谬误的时候，一定是违背了逻辑本身的规律。

02　命题种类

弗朗西斯·培根曾说过："历史使人明智，诗词使人灵秀，数学使人周密，自然哲学使人深刻，伦理使人庄重，逻辑修辞学使人善辩。"

学习有逻辑地表达，了解命题必不可少。但是命题是什么呢？又有哪些类型呢？

在前面的内容中，提到了命题是指人们通常使用陈述句所断定的东西，并且陈述和命题，有时会被作为同义词使用，在大多数时候，命题的使用程度高于陈述的使用程度。

命题的主要部分既然是陈述句，那么，主语、谓语、宾语都是基础结构，我们常用的句型也都有可能在命题中呈现。想想看，你是不是很久没有仔细观察过自己的语言表达结构了？比如，自己说话时的主语、谓语、宾语。有时候仔细观察一下自己的表达习惯，就会发现我们在日常对话中的表达并不是特别严谨。

比方说，很多人在表达的时候习惯用倒装句，比如"吃了吗您？"北京大爷喜欢说倒装句，山东人也喜欢倒装句。类似于这样把主语后置，换成自己喜欢结构的表达，对于常用汉语的人来说，不存在理解问题，所以语言逻辑在日常中不严谨并不影响沟通。

但是在正式表达的时候，特别是在演讲或者其他重要场合中，就需要咬文嚼字，在使用正确语言逻辑的基础上，加以推敲和设计。下面我们详细介绍一下命题的类型，从简单的案例中，了解一下各个命题类型的差别，并且尝试运用到有逻辑的表达过程中。

命题从复杂程度角度可以分成简单命题、复杂命题。从类型的角度可以分为肯定命题、否定命题、全称命题、特称命题、事实命题和假设性命题。

在了解命题分类之前，我们先来了解一下语言表达中需要注意的问题。

我们在表达中使用语言，需要规范和准确，注意词根、词性，以及数量名词和单位，避免出现基础的语言表达错误。比如，一只小猫，而不是一匹小猫；一杯水，而不是一把水；一支笔，而不是一头笔。

常见的语言表达错误其实有很多，比如，经常有人认为"首当其冲"的含义是第一个做某事，但其实"首当其冲"这个词的准确意思是比喻最先受到攻击或遇到灾难。"首当其冲"常常被误用在各种演讲和表达的场合，不少人会说"遇到困难，我首当其冲站在第一位，我是领导，这是我该做的"，这就是词语使用错误。

在逻辑推理过程中，句子本身语法、词语、单复数及单位使用规范是逻辑论证成功的基础。建立命题和论述过程中，需要反复检查有没有基础错误和偏差，在此基础之上再看命题的种类、论证的结构类型，以及逻辑结构是否能够证明结论。

接下来，来介绍几种具体的命题种类。

命题种类1：**肯定命题**。

比如：

"野猪是一种动物。"

"金鱼是一种鱼。"

"水草是一种植物。"

肯定命题是主语和谓语之间有肯定关系，在论证过程中一般以肯定的判断形式出现，A是什么样的情况，B是什么样的情况。

论证一般有三段：

"野猪是一种动物，动物需要氧气才能活，所以，野猪需要氧气才能活。"

肯定命题是相对比较好理解而且不太会产生歧义的命题，在论述过程中，尽管结构相对简单，易于理解，但是也需要避免使用多义词。逻辑的基础是概念，其延展的内容也包括多义词是否延展。

当我们使用可能产生歧义的词组时，命题本身就存在了漏洞，所以在使用肯定命题的过程中，应避免使用多义词，或者在使用多义词的时候，加上形容词来限定多义词的意义。

命题种类2：**否定命题**。

比如：

"斗牛犬不是一种牛。"

"海马不是马。"

"老婆饼里没有老婆。"

否定命题是主语和谓语之间的关系被否定，但是当双重否定时，命题就变成了肯定句，比如，"我没有不听话"的意思是"我是听话的"，"城市街头没有不拥挤的"的意思是"城市街头是拥挤的"。

命题种类3：**全称命题**。

比如：

"所有人都会死。"

"所有鱼都需要水。"

"猫都会叫。"

"全部手机都是电子设备。"

"所有玫瑰都带刺。"

全称命题涵盖了该品类的全部个体。如果有特殊情况，那么就不能使用全称命题进行概述。比如，"所有的萝卜都是白色的"，我们都知道这是错误的，因为至少还有胡萝卜是红色的。

全称命题需要谨慎使用，由于知识储备不足，大部分人的认知都是有偏差的，如果江苏人说"所有的山都有树"，那么，甘肃人肯定是不同意的。认知是有限的，所以使用全称命题的情境也是有限的。

命题种类4：**特称命题**。

比如：

"有些人是残障人士。"

"有些食物腐坏了。"

"许多城市下雨了。"

"一些房子漏水了。"

"大部分实体店倒闭了。"

特称命题是指主语涵盖了该品类的部分范围。特称命题指代一部分，在特称命题的前提条件中，经常出现"有些""一些""许多""大部分""小部分"等形容词，这样的论证指向的结论也只能是部分的。

命题种类5：**事实命题**。

比如：

"因为湖面上蜻蜓低飞，所以即将下雨。"

"因为有重力，所以放手后苹果会自然下落。"

"站得越高，看得越远。"

"科比是篮球巨星，所以打篮球很厉害。"

再比如：

"母鸡会下蛋，小红家的鸡是母鸡，所以，小红家的母鸡会下蛋。"

事实命题是以事实为前提的命题。事实命题强调的是事实本身的正确性，"我有12本书"之类的陈述句很容易就可以考证，但是珠穆朗玛峰有多高却需要经过登山队伍的艰苦测量才可以得知。在论证过程中，应尽量使用不难推理的、已知的、听众认可的真实命题。

命题种类6：**假设性命题**。

比如：

"如果我能考满分，满分是100分，那么，我将拿到100分。"

再比如：

"如果张三是老板，老板是拥有一家公司的人，那么，张三拥有一家公司。"

假设性命题是以假设为前提的命题。假设性命题是以假设性句子为命题的，这里需要注意的是，假设性命题需要使用合理假设，避免使用夸张性假设，比如"假如我的老公是彭于晏"，这明显是夸张性的假设，这样推理出的结论听众自然会当个笑话听一听。

有一种逻辑谬误叫作"假设性倒推"。比如，既定事实是爸妈生了我，这是事实，那么递推，爷爷和奶奶一定会生下爸爸，姥姥姥爷一定会生下妈妈，再往上翻三代的逻辑也是一样的，因此结论是"我能出生简直不可思议，我必然是个传奇"。

这样依据既定事实进行的逻辑推论是不正确的，既定发生的事实，发生的概率就是100%，假设性倒推不能推理出未经证实的事件，因为事实已经发生了，所以发生的概率就是100%，而这个事实不能作为概率的依据，事实之间如果没有必然联系，就不能作为判断依据。

总结一下：从命题类型的角度可以将命题分为肯定命题、否定命题、全称命题、特称命题、事实命题和假设性命题。这些命题可以在前提中单独存在，也可以同时出现，前提中命题的形式多样，但是基础的结构并不多，当建立一个论证的时候，明确地提出各种命题是成功论证的关键。

03 必要条件和充分条件

小米创始人雷军说："创业要大成，一定要找到能让猪飞上天的台风口。勤奋、努力加坚持等，只是成功的必要条件，最关键的是在对的时候做对的事情。"

类似于这样的名人名言你是不是从小就听过？甚至很多人有自己的小本子，专门用来记录别人的好词好句。在名人名言中，你会发现有不少人喜欢使用"充分条件"和"必要条件"这两个词，并且以此强调所陈述内容的逻辑性和重要性。

现在，先回顾一下前面的内容。

什么是必要条件？

必要条件是逻辑中的一种关系形式。如果没有A，则必然没有B，但如果有A却未必有B，则A就是B的必要条件，在数学里记作"B→A"，读作"B含于A"。简单来说，如果由结果B能推导出条件A，我们就说A是B的必要条件，必要条件概括成一句话就是，如果没有A则必然没有B，那么A就是B的必要条件。

什么是充分条件?

如果A能推出B, A就是B的充分条件。

充分条件和必要条件还可以衍生出充分不必要条件、必要不充分条件、既不充分也不必要条件,以及充分条件假言判断和必要条件假言判断。充分条件和必要条件不仅在数学中应用,在有逻辑地表达中也可以使用。

讲个故事:

有一天,阿凡提在皇宫中和侍卫开玩笑,他说:"你两天后就死了。"很不巧,两天后,那个侍卫因为骑马时马匹突然受惊,从马背上摔下来,真的死了。

皇帝觉得很有可能是阿凡提的这句话害死了侍卫,并且觉得阿凡提不吉利,越想越觉得把他留在身边很危险,于是,皇帝想要把阿凡提绞死,并认为这样他就威胁不到自己了。

皇帝遂把阿凡提叫来,问他:"你既然知道那个侍卫什么时候会死,那么你能推测出自己什么时候会死吗?"

阿凡提听了皇帝的话,又看到绞刑架上的绳索已被套好,推理出皇帝想要绞死他。他明白自己这时候说的任何一句话都是非常重要的,于是急中生智,回答道:"尊敬的陛下,昨天夜里我看了星象,知道我要比陛下早死两天。"

皇帝一听,吓得不行。暗自思考:"如果我现在把阿凡提绞死,那么两天后我也会死,那不行。就算他说的不一定是真的,但是万一呢?毕竟他已经预言了侍卫的死亡。所以阿凡提不仅不能死,还得好好活着。"于是皇帝下令放了阿凡提,并且嘱托下人照顾好他。

阿凡提很聪明,在皇帝的脑子里立下了一个充分条件的假言判断,也就是"假如我今天死了,那么你将在两天后也死掉"。这个无法被验证的陈述,在侍卫死亡的事实发生后突然有了"可能性",成为了论据。阿凡提的逻辑性很强,他没有说"皇帝你要绞死我"或者说"我要是死了,你也要死了",他要这么说,皇帝必然觉得自己被冒犯了,认为阿凡提死有余辜。

所以，阿凡提立了一个利于自己的逻辑论证，首先他有论据，论据是"昨天夜观星象"，另一个事实依据是阿凡提的预言曾经被侍卫的死亡验证过。

接着他说"我知道我要比陛下早死两天"，没有人会拿自己的生命开玩笑，即使它只是一个可能性，面对死亡的威胁，普通人尚且有着求生的本能，因此即使只有很小的可能性也不会主动尝试，更何况是一个家庭富裕、享受生活的"皇帝"呢？

因此，逻辑推理的结构可以通过学习和模仿获得，但是研究对方的人性和心理才是取胜的关键，充分条件和必要条件在绝大多数的逻辑结构中都会涉及，由二者拓展出来的多种结构和验证方式更是遍地开花，在后续的内容中我们会不断提到这些概念和结构。

04　说明的方式

世界著名逻辑学家约翰·范·本瑟姆说过："当我考入阿姆斯特丹大学时，物理系和哲学系正好在一座楼里，所以我不经意地选修了一门逻辑课。对我来说，这门神奇的逻辑课让我大开眼界，正是逻辑揭示了我们日常所做的事情——谈话、推理和辩论背后的精妙。所以我爱上了逻辑学，并为此转到了哲学系。"

逻辑揭示了日常生活中的所有事情背后的精妙，在表达和沟通中也无处不在，那么有哪些好用的说明方式能帮助你优化自己的表达逻辑呢？

说明的方式有举例子、类比、比较、图表说明、用数字、作诠释，以及寓言式说明，等等。

说明方式1：**举例子说明**。

举例说明命题或者某个事情。当表达中讲到不好理解的论点，或者为了增加论点的说服力时，可以利用举例说明的形式进行解释和补充。举例说明的时候，所列举的案例应是跟主题相关的内容，避免出现相关程度不高或者根本不相关的案例。

比如：

"自古以来，都有母亲为了孩子四处奔波的案例，如孟母三迁。"

孟母三迁是写进课本的教材案例，所以不需要过度展开，但是如果案例是听众所不熟悉的故事，那么就需要对故事的时间、地点、人物展开讲述。当然例子未必是故事，也可以是单个的名词或者名字，当讲述中说到年轻人经常使用的app时，可以列举微信、微博、抖音、知乎、B站等。举例说明有着解释论点、丰富论点、拓展话题等多种作用。

说明方式2：**类比说明**。

什么样的情况下需要使用类比说明呢？

在关键词或者关键论点不易被理解、含有专有名词或容易造成误解的情况下，可以用类比准确地说明想要表达的含义。

比如：

有一次，写作课的课堂上，老师说很多人写文章都用了同样的事情和素材，但不同的人写出来的文章却天差地别，这究竟是什么原因呢？老师解释说，写作其实跟炒菜是一样的，大家都会做番茄炒蛋，也都尝过自己做的番茄炒蛋的味道，你想象一下，素材和案例还有观点，就像是鸡蛋、番茄、葱花和盐。

不同的人拿到了一样的素材，是先炒番茄还是先炒鸡蛋，怎么炒，炒多久，放不放水，每个人都有自己的习惯。有的人会说我自己炒的味道也不错，但是给外人客观评价下，外人还是选择了大厨炒的。同样的素材，不同的人会写出不一样的文章，也是一样的道理。

作完类比，听众一下子就明白了其中的道理，这就是类比的作用，为了简化听众的理解难度，讲述者需要用听众能够理解的案例和语言表达自己的意思。

说明方式3：**比较说明**。

作比较是常用的说明方式，作比较要注意的是，需要用同一个标准在不同变量之间进行对比，也就是我们数学中说的因素需要固定下来，才能对其他的变量进行对比，如果变量特别多，或者影响因素天差地别，那么比较就没有意义。

比如：

北漂的年轻人回老家，有人问他在北京租房子有多贵。

这个时候他可以用比较说明，比如，同样一个100平方米左右三室的房子，装修和配套都是普通水平，在二、三线城市单独租赁可能每月只需要1500~3500元，但是在北京三环边上则需要每月8000~15000元，甚至更高。

这样对方立马就会有概念，原来北京租房这么贵。

说明方式4：**图表说明**。

图表说明比直接的语言描述更加直观，当论述中涉及数字，图表可以直观地显示出数字的变化规律，也可以显示出多个因素之间的相关或比例关系，图表说明还可以直观地显示出集合间的关系。

相对于文字，大脑对于图片、颜色、画面的记忆更深刻，所以当你需要让观众拥有记忆点的时候，其实可以用图片或表格进行说明，表格也可以直观地显示出列表的横向和纵向分别是以哪些因素作为记录逻辑。

比如：

工资表中，纵列上是每个员工的名字，横排上是每个人的基本工资、加班时长、加班费、五险一金缴纳金额，以及最后的月工资总金额。

说明方式5：**简化数字说明**。

简化数字适用于解释一些常人无法理解的数据，演讲者需要将数字换算成听众可以"秒懂"的概念，方便听众更快、更深刻地理解数字背后的意义。

比如：

据说何氏家族有5000亿元的资产，但大部分人对于"亿"是没有概念的，因此我们需要把这个单位换算一下。5000亿是什么概念呢？大概就是如果你活到100岁，每天要中1369万的彩票才能赚够5000亿资产。你再联想一下自己的工资，一年也就几万、几十万，那么你瞬间就会对5000亿有一定的概念了。

再说简单点，照一次X光片辐射量多有大？大概有1.1mSv（辐射计量单位），你可能会用专业单词去计量，但是听众根本听不懂，没有具体概念。那么你就可以用日常的生活简化数字进行说明，说照一次X光片所接收的辐射量大概是一个人晒三天太阳所接收的辐射量，这么一说听众就会觉得好理解多了。

说明方式6：**诠释**。

诠释就是把前提解释得再清楚一点，特别是听众生活中相对接触较少的词语或者流程。作诠释，要注意不要过度诠释，诠释到对听众没有意义的时候就要立马收尾。什么意思呢？就是听众不需要知道这些信息也能够理解你说的内容，到这种程度的诠释其实已经够了。

比如：

在淘宝买家具的时候一般会附赠组装手册，但是有些形状怪异的部件不太容易看得出来该如何组装，这个时候客服会向你解释，或者给你看组装的指导视频。

客服说把桌板反着放，桌角用三颗长钉子固定好，每颗钉子有一个螺口，需要在配件里找到配套的。什么是无意义的过度诠释呢？如果桌子配件里面只配有一种螺口钉子，客服却说要找到六边形、银白色、总夹角540度的螺口钉子，那这些品类具体细节在组装的时候就是无意义的信息，因为客户拿到手上的钉子就只有一种，具有唯一性，所以客户能够理解你说的螺口钉子是什么，再详细的内容就不需要加以诠释了。

说明方式7：**用寓言故事说明**。

出现不好直说、不想直接回答、不方便回答的话题时，需要使用寓言故事进行说明。这个技巧其实特别好用，很多人语言表达能力强，就是因为会讲故事，所以学会用寓言故事来说明可以帮你解决很多麻烦。

比如：

听众问，"为什么我演讲的时候会紧张？我是不是能力特别差？"

这时候你可以讲个寓言故事。人在紧张的时候会血液回流，全身僵硬，呆若木鸡，这种样子就像是一只小白兔在森林里觅食的时候突然看到老虎，在那个瞬间，小兔子全身的血液都会回流保护心脏，从而导致手脚冰凉，动作僵硬。

这时候，静止不动会加剧紧张感。紧张是一种本能，人人都会紧张，学会和紧张感和平共处，以及科学地缓解自己的紧张感才是克服紧张的办法。如果你觉得自己特别紧张，你可以深呼吸或者多走动，以此缓解自己的紧张感。

当听众问自己是不是能力很差，如果你回答"很差"，他会更没有信心；但如果你说"你不差"，听众也会觉得你只是安慰他；如果你用一个寓言故事解释了人人都会紧张这个事实，那么听众对于这件事的接受程度和认可程度就会很高，这样既婉转地回答了听众的问题，又给出了相对应的解决方案，可谓一箭双雕。

05　论证和推论

著名经济学家张维迎说："我相信逻辑，比如有一个峡谷，所有的人都说过不去，那里是万丈深渊，但如果逻辑推论出那里应该有一座桥，那么我就会走过去。"

逻辑论证和逻辑推论就是在万丈深渊上面建一座桥，过去的人都会发现桥的另一头有一座金矿。搭建这座桥的方法也就是论证和推论，你要不要学？当然不能错过了。

首先，我们来理解和回顾论证和推论的概念和区别。

什么是论证?

论证,就是在已知命题的基础之上,推理出一个"断定"的新命题,这些断定的命题或者说陈述句有的是真的,有的是假的。在沟通表达的过程中,我们会使用大量的命题和论证,并且用一定的逻辑结构把语言组织在一起,形成"前提"和"结论"。一段演讲可以拥有多个命题组成的前提,也可以拥有多个结论。

什么是推论?

推论,指的是在已知命题基础上推理出"断定"新命题的思维过程或思维形式,其中已知的命题是前提,得出的命题为结论。

论证有两个基本要素,这两个基本要素也是贯穿本书始末的,那就是"前提"和"结论"。从前提走到结论,其过程中并不会自动地进行信息总结概括,前提中需要有跟结论相关的"信息"。

比如前文中提到过的这个经典案例:

大前提:所有人都会死。

小前提:苏格拉底是人。

结论:苏格拉底会死。

在上面这个案例中,"人"组成一半的桥梁,"苏格拉底"成为另一半的桥梁,连接起了"所有人都会死"和"苏格拉底会死"这两个信息,这两个信息相当于桥梁的两端。所有能够得到准确结论的论证和推论,都符合这个规律,都可以把前提和结论想象成桥梁的两端,建立真实有效的论证结构和推论结构,才是这个"桥梁"有效的关键。

建立真实有效的论证结构和推论结构中,最关键的就是前提的可靠性。在论证中,前提的真实性、有效性决定了是否能够在万丈深渊之上搭建起有用的桥梁结构。

在本书中,我们会经常强调前提的真实性、命题的真实性,因为如果前提中有不实信息，那么即使论证结构再精巧，也没有办法以逻辑推理说服听众，建立在本身已错误的前提下的推理，其结果不具备准确性，推理的结果也不能够成为下一个推论的前提条件。

前提的真实性需要在命题中体现，如果设立一个命题，但是命题本身存在误导性或者有不能被验证的事实部分，那么听众一旦知道其中有未被验证真实性的信息，或者是虚假信息，那么整个论证结构都会受到质疑。

比如，在面试的时候，面试官会问前来面试的实习生他们之前的相关工作经历。为了在面试官面前论证自己是一个值得被肯定和录取的实习生，不少"没有故事的"同学就会增加自己所谓的工作背景或者学校获奖经历。但如果这些资料被查证，那么，实习生稍有夸张就会被认定为在整个面试过程进行了"虚假论证"。

既然要保证前提的真实性，那么事实本身就很重要。事实可以从两个角度分类：第一个角度是从事物和事件两方面进行分类，事物是指代实体，事件是指代一件事情；第二个角度是从主观和客观进行分类，主观是以自己为主要参照对象，客观是以大多数人为参照对象而不带有个人感情色彩。

事实类型1：**事物事实**。

事物可以是桌子、椅子、大象、小狗这样实体的对象，与这些实体对象相关的事实，比如，一般的桌子有4个桌脚，这样的事实可以被轻易验证，当出现明显错误的时候也容易被察觉和识别。在前提的命题中，可以大量使用事物事实，它们属于既定事实。

事实类型2：**事件事实**。

事件事实可以是某个具体事情、某个称谓、某个故事等。事件事实需要被验证，在作为命题出现在前提中的时候，需要反复确定该事件的真实性。

比如，爱因斯坦是个科学家，这个事件事实众所周知，但是如果说爱因斯坦喜欢种花，那么这个事件事实就需要有根据，因为他喜欢种花这个事件不被大众所熟知。这个信息的来源是否可靠呢？如果一个事件事实是大众不熟悉的，那么我们需要用前面提到过的说明方式进行说明，并且需要一定的资料证明，即用听众已知的命题验证一个新的命题，这个时候我们会发现这里多了一个论证结构。

因此，为了避免不必要的麻烦，以及简化逻辑论证结构，方便听众的理解，在论证过程中，需要用听众已知的信息进行论证，避免使用未经证实或者难以自证的事件事实作为命题信息。

事实类型3：**主观事实**。

主观事实是以自己为标准的事实，含有个人情感、个人判断的事实。这样的主观事实作为命题，不具备论证的真实性，我们也无法证明事实的真实程度。

比如：

假如有一天，你自己的孩子被人打了，你带着孩子去找别人的孩子理论，在理论过程中被路人看见了。路人只看到你在教训别人家孩子，你觉得自己只是在保护自己的孩子，但事实上，是你家孩子先动手了却没告诉你。那么从每个人的角度看到的事实都是有偏差的。

"你"看到的事实：我家孩子被人打了。

"打人的孩子"看到的事实：你和你家孩子在欺负他。

"路人"看到的事实：你在欺负别人家孩子。

从不同的角度，每个人都看到了自己眼中的"主观事实"，但是亲眼所见的也未必是真的。所以我们在论证过程中需要使用客观事实，避免主观事实，因为你看到的也未必是真相，但是客观事实强调的是无个人情绪色彩的客观真实情况和事实本身。

事实类型4：**客观事实**。

客观事实可以理解为事实本身。客观是一个相对主观的概念，而客观事实就是指真实发生的、有效的信息。在逻辑推理中，事实本身是最具有说服力的，在事实的基础之上推论出新的命题和结论，是推理的基础也是魅力所在。

比如：

有一天你突然心脏疼，一查百度，吓得要死，觉得自己肯定是得了心脏病，马上就要病入膏肓，时日不多。但是等你去医院，做完各项体检之后，医生却说你什么事都没有。

这是大多数人都经历过的事情，那就是主观觉得"我心脏疼，我有病"，但客观事实认定"你只是偶尔加班累了，你没病"。这之间的区别就在于有没有科学的判断依据，能不能拿出证据证明"有病"或者"没病"。医院的心血管科有专业的检测设备和仪器，可以检测疾病，所以医生的论证结论靠谱得多。

当然，这个世界上没有绝对和万无一失的事情，只能说大概率能够确定，但是不能说绝对确定。从概率的角度来说，也可能存在未被发现的病毒和疾病种类，但继续去探讨一个尚未有定论的问题就陷入了对普通人而言无休止、无意义的探索过程，即大家常说的"钻牛角尖"。

所以，不管是事物事实和事件事实，还是从主观和客观进行分类的主观事实和客观事实，事实本身是最重要的信息；在前提中，真实有效的命题才能推理出有力的结论。

06　演绎法

你有没有遇到过这样的情况？去外地出差，上飞机前查看了目的地的天气预报，显示即将下雨或者正在下雨，于是你把雨伞装进包里。等飞机一落地，走出机场大厅的你从容地从包里拿出雨伞，走在雨中。

这个看似非常普通的动作，其中便涵盖了演绎法。如果天气预报有雨，那么目的地很有可能会跟天气预报描述的一样，会下雨，所以我们要带伞。为了方便理解，我们首先需要明确**演绎法的定义**。

演绎法，是指将一般规律应用于具体事件，引出观点，即从"一般"到"个别"。

演绎逻辑：

大前提：人都会死。

小前提：张三是人。

结论：张三会死。

那么如何用演绎逻辑说话呢？

当你在工作中想要提出一个方案，你可以用演绎法。比如，你在一家淘宝电商公司工作，接近年关，你跟公司提议说："老板，每年过年期间，我们的订单都会大幅增加，但人手不够，顾客想买但是我们来不及处理，今年也是，如果我们能够增加几个人手，就可以卖得更多，所以今年春节之前多招几个兼职人员怎么样？"

老板一想，觉得你说得好像有点道理，于是核算一下成本，同意了你的建议。

如果你想要用演绎逻辑进行表达，需要用一般情况下的"论据"支撑自己想要说的"论点"。从一般情况，推理出对个别情况仍然适用的观点。

同理可得，演绎推理也可以帮我们辨别是非，避免陷入困境。比如，很多老人喜欢看"恐吓式"的微信文章。某文章称30岁不结婚就会导致人生悲剧，老人一看，立马转给了你。你一看这不就是催婚吗？你就可以拿出演绎推理的逻辑跟老人讲道理："爸爸你看，2019年中国的离婚率接近50%，相当于一般情况下，结婚和离婚的比例是2∶1，放到我个人身上，同样适用，那你是不是觉得我晚点结婚也挺好？"

简单的演绎推理可以帮助我们说服别人，但是也有一些演绎推理谬误会误导我们。比如，老王和老李是邻居，都爱看股票、买基金，没事儿的时候就互相给建议。有一次，老王对老李说，现在基金行情很好，一般都会涨，我建议你把房子卖了拿去买基金，一定会比你的房价涨得快。老李一听，有点道理，加上他自己之前买的基金确实涨了不少，于是真的把房子卖了入手大量基金。但是没出半个月，美国货币加印，某基金狂跌不止，老李买进去的基金亏了大半。他后悔不已，责怪老王瞎给建议，甚至要闹到法院要求老王进行赔偿。

老王也很冤枉：我明明希望你赚钱，你却怪我？一片好心被当作驴肝肺。那么，哪里出了问题呢？其实，这就是逻辑有问题，如果双方有一个人能捋清楚逻辑，就可以避免这样的乌龙事件。因为基金投资有三个原则：闲置资金、长期、定投，没有余钱却想要一夜暴富的人应该谨慎投资，注意投资风险。

因此，演绎逻辑是指将一般规律应用于具体事件，但是具体事件普遍都会有前提条件，如果你的前提条件不完整，就容易产生错误的推理结论。

具体事情需要具体分析，就如在上面的案例中，投资者应该知道，基金属于间接投资产品，投资者买入基金，实际上就是委托基金经理对这部分资金代为投资。基金经理凭借自己的经验帮助投资者进行投资，协助管理大量的投资者资金，从而产生收益，在收取一定比例的管理费用之后，把投资赚回来的钱返还给投资者，当然其中含有损失的风险。

投资是一项复杂的推演工作，需要对政策、货币、市场行情、特殊情况进行具体分析，即使是巴菲特这样的股神也有失算的时候，所以买入有风险，投资需谨慎。

在这本书里面，我们一直反复强调一个观点，也是所有逻辑思维的基础，那就是拥有逻辑思维能力的本质是拥有"知识"，当你了解一件事情或者一个人越全面的时候，你的逻辑思维推导出的判断和决策就会越准确。

07　归纳法

在生活中你可能会遇到这样的情况，某天你买了很多奶制品，有牛奶、酸奶和羊奶，但刚把它们放在冰箱里，就突然接到出差的任务。等三个月出差结束后回到家，还没有打开冰箱门，你就知道冰箱里的奶都得扔了。因为牛奶会过期、酸奶会过期、羊奶也会过期，归纳起来就是所有乳制品都会过期。

这个日常的生活小常识其实也是归纳法的具体体现。牛奶、酸奶、羊奶都是乳制品，一般情况下所有的食物都有生产日期和保质期，个别的食物情况也符合一般规律，所以牛奶、酸奶、羊奶都符合这样的规律。时间会自动运转，到了一定的期限，乳制品自动过期。为了方便理解，我们来了解一下**归纳法的定义**。

归纳法，是从个别的具体事实中找出规律，推导出一般规律，即从"个别"到"一般"。

归纳逻辑：

前提：历史上张三死了、李四死了、王老五也死了……

结论：人都会死。

那么，如何用归纳逻辑说话呢？

归纳逻辑需要有前提和结论，比如，因为A也是、B也是、C也是、D也是、E也是……所以结论是某个一般规律的事情，这属于类比论证。

比如，你想要买电脑，在挑选品牌的时候，你的亲戚朋友都说某品牌的电脑不错，那么你可以利用类比论证归纳出该品牌的电脑可以放心购买。同理，如果很多人都说某个品牌的手机性能不够好，那么归纳起来就是不能买。这就是我们在购物前关注评论区留言的重要性。抛开刷单等恶意竞争的行为不说，大部分的评论都可以在一定程度上帮助你归纳推理出该商品值不值得购买。

用归纳逻辑说话，你可以这么说：

"因为A是这样、B是这样、C是这样、D是这样，所以一般来说，E也是这样。"

使用归纳逻辑的时候，论证的"数量"越多，越能够证明论点的准确性。就像1除以3，答案是0.3，小数点后的位数越多越无限接近1。在日常生活中，举例的事例数量越多，越能够归纳出合理的论点。总而言之，事例数量越多，论证可靠性越强。

使用归纳逻辑的时候，论证越同质，越能够证明论点的准确性。比如，同一个品牌的电脑，不同的尺寸，配置都会有差别，当我们仅仅把品牌作为论证选项，那么不同品牌的其他要素就需要匹配得当，同内存量、同价格、同价格梯度、同尺寸大小、同电脑配置或者处理器等。

使用归纳逻辑的时候，论证的"差异性"越大，越不能够证明论点的准确性。在生活中有很多错误的类比示范，而这些错误的类比或归纳逻辑忽略了个体的差异性。当我们无视差异性，就可能会陷入逻辑谬误。

比如，过年了，亲戚朋友互相走动，总是会聊到大家挣多少工资的问题，特别是家里有孩子在外工作时。李大妈嘴碎爱打听事儿，就问王大妈："听说你家孩子在北京挣不少钱，到底挣多少钱啊？"王大妈一听，这问得没安好心，随口说："不多不多。"李大妈紧追不舍，一把瓜子嗑完接着说："张婶孩子在上海2万一个月，刘姐儿子在杭州当老板5万一个月，黄小妹女儿刚毕业也有上万块。都是外地上班，一般来说都有上万块，你家孩子在北京待了四五年，也得好几万一个月吧？"

这属于生活中常见的归纳逻辑，但是其中最明显的逻辑问题就是忽略了个体的"差异性"。首先，收入水平的高低跟个人从事的行业、时间、岗位、年纪，甚至运气都有关联，加上偶然性，比如，2020年突如其来的疫情，或是换岗、换工作等，可以说人们的工资待遇可能千差万别。

再加上地域、自身学历、家庭等各种因素，衡量一个大概的收入水平需要足够大的人口基数。一般性普查得到的薪资水平都不一定非常准确，只是极少数个例的平均水平就更不会准确了。

王大妈要是知道对方的逻辑漏洞，就可以说："姐，你看人跟人之间的差距，年龄、相貌、出身、行业等，数都数不过来，这都是在外地工作的孩子，都不容易，哪有一个工资标准可以做参考的。我只知道北京应届生去年统计的数据是一个月八九千，工作四五年该涨还是会涨点，但是具体多少，孩子不说，我们也不关心。他自己够用就好，你说是不是？"对方一听她说得有理有据，还把自己有逻辑漏洞的地方指出来了，也不好继续追问了。

在我们使用归纳逻辑的时候，类比的数量要大，同质性要高，差异性要小，这样得到的论点准确程度才高。但是有一个细节要注意，那就是，严谨地说，归纳推理中的"一定""肯定"和"确定"的推理论点，并不是非常准确。

归纳和类比可以得到一个"一般性"的规律，但是并不是"确定性"的规律。"因为A也是、B也是、C也是、D也是，所以E一定是。"这是错误的结论，应该说"E极有可能是"。

以上就是归纳法的全部内容，你可以在跟家人或者同事沟通的过程中尝试使用这样的逻辑推理，结合演绎和归纳两种方法，反复推理一件事情后得出论点，通过这样的练习方式来掌握这两种常用的逻辑思维。

08　辩证法

归纳和演绎，只是常规的逻辑结构。逻辑结构的魅力更多体现在辩证法上面，不信你看看下面这个故事。

有一天，爱因斯坦在斯坦福大学演讲，他给来听他演讲的学生出了一道题，他问："有两位工人，他们同时从烟囱里爬了出来，一位工人是干净的，而另一位工人是肮脏的。请问他们谁会去洗澡呢？"

有学生立即回答道："这还用说，一定是肮脏的工人会去洗澡。"

爱因斯坦反问他："是吗？但是，干净的工人看到肮脏的工人，这个时候干净的工人会认为自己身上也一定很脏，而肮脏的工人看到干净的工人，可能就不这么想了。我再问问你们，这个时候哪个工人会去洗澡？"

另一个学生说："我觉得干净的工人会去洗澡。"

爱因斯坦哈哈大笑，他说："又错了，两个工人同时从烟囱里爬出来，怎么可能一个是肮脏的，而另一个工人却是干净的呢？"

众人恍然大悟，掌声雷动。

在逻辑论证过程中，不同的视角带来了不同的眼光和格局，乍一看，每个人的视角好像都有理，但是结论却是这个论证根本不可能存在，因为前提中的命题不具备真实性，所以结论无论是从哪个视角出发都是谬误。

回想一下，你所看到的精巧论证是不是都符合这个结构？小时候我们看过的《少年包青天》《法医秦明》等推理电视剧，还有很多小说，推理过程都极其费脑，但是真相大白之后我们往往发现，最后的那个关键细节其实早就存在，只要找到线索的"线头"，很容易就能推翻所有假设，这就是辩证法的魅力。

什么是辩证法？

辩证法是指对逻辑过程的抽象，即对词语、推理、描述、概念、解释过程的研究。简单点就是面对不同的观点，用辩证法对逻辑过程进行研究，最终推理出正确结论。

在辩证法里，我们可以通过对不同逻辑的推理、描述、过程的研究来得到最终结论。

在此之前提到过前提的真实性，这点非常关键。其实，整本书都会反复强调前提的真实性，甚至用一个篇章仔细说明该如何辨别各种真实和事实的情况。强调前提真实性的目的在于，当主讲人进行一个论证推理时，如果能够从源头先确定前提的真实性，那么就可以避免因前提失实而导致复杂论证过程。

在生活或工作中，当遇到讨论存在分歧的情况，可以采用辩证法里面常用的分析和诡辩进行推理。

辩论中的分析法是指对对方提出的前提、论点、论据、论述过程，以及提到过的关键假设一一展开进行分解和分析，找出错漏、不符合常理或者有问题的地方，当需要进行攻击的时候，这些具有瑕疵的细节就是武器。

具体来说，分析是把所有参与的因素拆分成各个部分，弄清楚各个部分之间的联系、互相的作用和影响，然后重新组合或者重新审视，就像拆一个玩具汽车，把它拆成小零件，然后组装在一起，它仍然会是一个可以启动的玩具汽车，但是如果拆分过程中发现零件损坏或者丢失，那么这个玩具汽车就是有问题的或者是失效的。

分析法就是把论证拆分成各个部分，找出有问题的部分，修正之后得出正确的结论。

诡辩其实就是狡辩，把错的说成对的，把对的解释成错的。但诡辩的目的只有一个，那就是"上错花轿嫁对郎"，即因为要达到某种目的，所以需要进行诡辩，又或者是因为需要解决一个麻烦，所以需要诡辩。

在生活中，有句话叫作人为财死，鸟为食亡。因此，很多人会故意刁难对手，老老实实的人反倒容易受欺负。学一些诡辩之才，关键时刻可以保护自己和他人的合法权益。

比如，你去上班，辛辛苦苦一个月，结算工资的时候公司说："你用了我的电，我得交电费；你喝了我的水，我要交水费；你占用我的地方，我要出房租。这样算下来，水费、电费、房租费，我不但不需要给你算工资，你反倒欠我一笔钱。"

你一想，这不是强盗逻辑吗？于是第二天一上班，所有人都在电脑前面对着黑屏的电脑。老板问："怎么回事？你们怎么不上班？"

你说："我不用你的电，电脑自然没有电了，我不喝你的水，自然也没有水费，现在我去公司门口站着，一只脚站公司里，一只脚站公司外，但是一个月后你需要付我工资，因为我来上班了，而且不占水费、电费和房租。"

当然，这只是一个笑话，但是强盗逻辑是处处可见的，而破解强盗逻辑的办法就是用强盗逻辑设定的游戏规则进行证明，既然对方用自己的逻辑来证明自己的错误结论，那么我们就可以通过诡辩用对方已经证明的逻辑再进行利好自身的论证。

同一个强盗逻辑，站在不同的立场使用，就可能得到利好自身的结论。这个论证方法适合用在胡搅蛮缠、毫不讲理、自欺欺人的人身上。既然对方拟定了游戏规则，常规的思维怎样也无法验证一个错误的前提是正确的结论，那么转换思维，借坡下驴说不定会有意外惊喜。

讲个关于诡辩的故事。

有一天，一个穷人去找阿凡提，他说："阿凡提先生，我需要向您求助。昨天我太饿了，在巴依老爷开的饭馆门口站了一会儿。巴依老爷说我闻到了他饭馆里的饭菜香味，叫我付钱。我当然不给，他就到喀孜跟前告了我。喀孜决定今天就要判决这件事，我该如何是好啊？您能帮帮我吗？"

阿凡提笑了笑："行，我会帮你的！"他答应了下来，然后陪着穷人去见喀孜。巴依早就到了，正在和喀孜谈天说地，聊得特别开心。喀孜一见到穷人，立马怒目圆睁，大声呵斥："你闻了巴依老爷饭店的饭菜香气，快把饭钱给巴依老爷！"

"慢着，喀孜。"阿凡提走了过来，说道，"这位是我兄长，他没有钱，饭钱由我付给巴依好了。"阿凡提一边说，一边准备掏钱。他拿出一个装有铜钱的袋子，举到巴依老爷的耳朵旁使劲摇了摇，问巴依老爷："你听见我口袋里铜钱响亮的声音了吗？"

"听见了，听见了，我听见了！"巴依老爷开开心心地准备收钱。

"好，他闻了你饭菜的香气，而你听到了我钱的声音，咱们的账算清了！"阿凡提说完，带着穷人大摇大摆地走了，只剩下喀孜和巴依老爷四目相对。

诡辩就是这样，站在对方的思维之上进行思维的攻击。

09　三段论的类型

英国诗人雪莱说："人有一颗产生情感的心，一个能思维的大脑，一根能说话的舌头。"

我们希望学会有逻辑地说话，也许是因为我们见识过某个高人的高光时刻，他用敏感缜密的思维，说出有节奏又富有逻辑的话，这些话从他们口中推理出了如同钻石一样坚不可摧的真理。我们曾经被一场惊艳众人的表达所折服，于是也希望通过学习和练习，变成那样的人，在重要的场合拥有自己的高光时刻。

想要说话有逻辑和力量，节奏感一定是必不可少的，而三段式的推理理论就是常见的节奏感的重要组成部分。

三段论推理由大前提、小前提和结论组成，大前提是抽象的，得出一般性规律，小前提是从一般规律到个别具体的推理，最后从这个推理中得出结论。任何一个正确的论证，想要得到正确的结论，都需要达到两个要求——**正确的内容和合理的论证结构**。

三段论常见形式有：直言三段论、假言三段论、选言三段论。

三段论类型1：**直言三段论**。

直言三段论仅包含一个直言命题，且相关的陈述是不需要任何限制性条件就可以被肯定的确定结论。肯定的命题推出肯定的结论，当命题是肯定的，且论证结构合理，最后得到的结论也会是一个新的肯定的直言命题。也即所有的A是B，所有的C是A，所以，所有的C是B。

三段论类型2：**假言三段论。**

假言三段论是指具有一个或者一个以上的假设命题，又叫作假言命题，并且假言命题确定或提出某些事实，或者是假设出一些真实情况。要注意的是，假言命题并不是毫无根据的假设，并且假设的也是真实可能会发生的情况。

三段论类型3：**选言三段论。**

选言三段论是指一个大前提中有一个选言命题的三段论。如果一个或者多个可供选择的命题被否定，那么剩下的命题可以被肯定。

不同的三段论应用在不同的说话场合当中，对于概念的理解和记忆有助于我们在进行逻辑论证结构设计的时候，更好地采取正确的三段论结构模型。那么，我们在哪些场景中，或者说哪些具体的讲述内容中，适合使用这些三段论呢？接下来，本节就具体案例具体分析，教大家如何使用这些结构。

10　直言三段论

在概念中，直言三段论仅包含一个直言命题，且相关的陈述是不需要任何限制性条件就可以被肯定的确定结论。这个概念可以直接概括成：

大前提：所有的A→B。

小前提：所有的C→A。

结论：所有的C→B。

这个使用方法是不是看着有点眼熟？它就是我们在数学课上学过的"集合"。所有的A属于B，所有的C属于A，所以，所有的C属于B。这样理解会方便很多。在这个基础之上，看论证的命题，就能够很快得出答案。站在听众的角度，当你使用直言命题的时候，他们会直观地看到这个命题与结论是否正确。

比如，当你使用了一个简单一点的直言三段论：

大前提：所有的狮子是哺乳动物。

小前提：狮子乐园的动物都是狮子。

结论：狮子乐园的动物都是哺乳动物。

复杂一点，在工作中或者生活中遇到需要直言三段论的情况，你可以说：

大前提：所有新增用户都是app的日活跃数据。

小前提：所有新增用户都来自投放的广告渠道。

结论：投放广告可以增加app的日活跃数据。

如果前面的"大前提"和"小前提"可以通过数据渠道进行证明，那么结论可以保证正确。当讲述者在使用直言三段论的时候，简短有力地描述论点可以让听众直观地理解命题的结构并且理解命题元素和对象之间的关联。

但是在实际使用过程中，一定要确保自己的命题是真实的，并且在进行命题论证的时候，补充证明素材，在之前的内容中，提到过证明的多样性，比如，数字、图片、案例、作比较、类比等证明方式。如果是上面的案例，可以在讲述过程中，增加相应内容渠道的截图画面作为辅助讲述工具，证明讲述内容的真实性，例如，广告投放渠道的画面截图，以及用户增加数量的曲线图、时间节点等关键信息以及数据。

当希望利用直言三段论得出有力的结论时，真实有效的前提中必须包含真实且可被证明的事实命题。当命题属于未被证实的结论时，由此命题论证出来的结论未必是真，即使加上合理的论证结构，也不属于直言三段论的使用范围。

在确保前提中的命题是事实的内容中，提到了事实命题、事物命题、主观命题和客观命题等多种判断是否符合真实的命题要素，当讲述者不确定事实内容是否真实时，可以通过这四种标准进行对比和判断。

所以，概括来说，直言三段论就是，如果前提中的命题真实、准确、有效，且加上合理的逻辑推理过程，那么它的结论也是真实有效的直言命题，该结构符合直言三段论。

直言三段论是使用范围最广，最常见的三段论结构。在每一次沟通表达的时候，都可以尝试采用这样的三段论结构，尝试用逻辑讲述的办法锻炼自己的总结概括能力。

可能有疑问的点

当你在使用直言三段论的时候，可能会产生疑问的地方在于全称命题和特称命题，当说到"所有""全部""整体""每一个""任意""一切"等指代该范围内全部对象和个体的词，讲述者或许会觉得自己没有那么确定这个范围覆盖了所有指代的对象，所以在使用三段论的时候会出现表达不准确的情况。

针对这样的情况，讲述者可以在讲述之前进行"自我反驳"，比如，反问自己当该命题指代全部范围对象和个体的时候，有没有特例和特殊情况，如果有，那么该命题不成立，如果没有，那么该命题成立。

"自我反驳"应该符合大众常识和既定事实，不要钻牛角尖和进行无意义的猜测，比如，人是哺乳动物，这是属于大众常识范围的事实。那么在进行自我反驳的时候，不应进行无意义的举例，比如，人也有可能不是哺乳动物，当出现克隆人的时候，人的孕育性质可以变成克隆之后的克隆人用奶粉喂养长大，这就属于无意义的争论，因为对克隆人的喂养并不属于大众常识范围内的信息，并且在既定事实上存疑。如果主题并不是针对克隆人的讨论，这一案例就会脱离主题陷入误区。

使用方法总结

直言三段论，需要是前提为真的命题，可以理解为所有的A属于B，所有的C属于A，所以，所有的C属于B。结构上可以写成：

大前提：所有的A→B。

小前提：所有的C→A。

结论：所有的C→B。

当命题相对复杂的时候，可以用数字、图片、案例、作比较、类比等方式说明和阐述。

11　假言三段论

假言三段论是指具有一个或者一个以上的假设命题，又叫作假言命题，并且假言命题确定或提出某些事实，或者假设出一些真实情况。要注意的是，假言命题并不是毫无根据的假设，并且假设的也是真实可能会发生的情况。

假言三段论包含一个或者多个假言命题，这种假言命题如果其中一个命题，也就是前提中的一个分支命题为真，那么另一个分支的命题也是真的。当假言命题中涉及多个分支命题，可以用前件和后件进行区分，并应列出不同情况的论证方法。

因此假言三段论可以分成两种，分别是纯假言三段论和混合假言三段论。该假言三段论理论依据来自《逻辑学导论》第13版，作者是欧文·M. 柯匹和卡尔·科恩。

纯假言三段论完全由条件命题组成。例如：

大前提：如果P是真的，那么Q是真的。

小前提：如果Q是真的，那么R是真的。

结论：如果P是真的，那么R是真的。

混合假言三段论包含一个条件前提和一个直言前提。如果直言前提断言条件前提前件的真，并且该条件前提的后件为该论证的结构，则该形式有效且成为"肯定的前件式"。例如：

大前提：如果P是真的，那么Q是真的。

小前提：P是真的。

结论：Q是真的。

如果直言前提断言条件前提后件的假，并且该条件前提前件的假正是该论证的结论，则该形式有效且称为"否定的后件式"。例如：

大前提：如果P是真的，那么Q是真的。

小前提：Q是假的。

结论：P是假的。

看完假言三段论后一头雾水的同学，请不要放弃。相对于直言三段论来说，假言三段论更需要推理和理解，也更能够锻炼逻辑思维。我们知道，在前提当中，大前提的覆盖范围一般会比小前提大，也就是说，大前提相对于小前提来说更难证明，而小前提相对于大前提来说，更简单、更容易证明。

比如，两个概念里的两个小前提"P是真的"和"Q是假的"。

在理解这个的基础之上再回顾一下上面的概念，进行记忆。条件命题其实大部分是否定命题，或者说有条件的命题。在条件命题中常见的情况是，在陈述命题的时候含有"如果""假如""当某种情况""即使""假设""假定""尽管"。当使用这些术语的时候，我们应该把该命题认定为假言命题进行推理。

一个假言三段论，可以是肯定的假设，也可以是否定的假设。比如，"假如明天会下雨"和"假如明天不会下雨"，"会下雨"是肯定的假设条件，"不会下雨"是否定的假设条件。在使用假言三段论的过程中，肯定假设条件和否定假设条件都可以存在。

在推理结构中，纯假言三段论和"肯定的前件式"的混合假言三段论相对容易理解和推理，因为前提和结论都为真。"否定的后件式"混合假言三段论相对来说容易使人陷入误区。

我们再进一步进行简化，澄清容易产生误区的概念。

第一种误区：否定前件，导致否定的后件。

大前提：P→Q。

小前提：否定的P。

结论：否定的Q。

举例说明：

大前提：如果小明在游泳，那么他在移动。

小前提：小明没有在游泳。

结论：小明没有在移动。

我们可以很清楚地一眼看出这个逻辑谬误，通过小明在游泳这一事实可以得到小明在移动的结论，但是并不能通过小明没有在游泳的事实，得到小明没有在移动的结论。也就是在日常论证过程中，不能通过得知前件推理出后件，然后用否定前件，来否定后件，这个推理过程属于无效推论。

第二种误区：肯定后件，导致肯定的前件。

大前提：P→Q。

小前提：肯定的Q。

结论：肯定的P。

举例说明：

大前提：如果小明在游泳，那么他在移动。

小前提：小明他在移动。

结论：小明在游泳。

这也是一个逻辑谬误，从"小明在游泳"可以推理出"小明在移动"这个结论，但是反向推理则不可以以这个逻辑作为推理依据。因为推理过程中，可以以小见大，但是大范围并不一定能够推理出小范围。就比如在日常生活中，一个人吃了饺子，所以他吃了饭，但是他吃了饭，并不能推理出他吃了饺子，他还可以吃各种食物，可以是米、面、汉堡等。

可能有疑问的点

在使用假言三段论的时候，很容易出现混乱的逻辑思考过程，我们在看概念和案例的时候都能够理解，但是在实际使用的过程中都会出现混乱的情况。

这种情况其实非常好分析和解决，那就是在你使用假言三段论的时候，对每个命题进行拆分和拆解，把一个复杂的陈述句，简化成可以理解的句子，也就是"长句"变"短句"。

当一个句子太长，由主语、谓语、宾语、定语、状语、补语构成，那么就要把它简化成只含有主语、谓语、宾语的句子。你会发现本书中的案例都在尽可能简化句子的理解难度，以帮助读者在进行理解的时候，减少不必要的偏差和不同认知导致的落差。

简化句子成分和结构之后，判断"肯定"还是"否定"。当出现"是""在""有"这样的词时，命题为肯定；当出现"不是""不在""没有""无一"这种否定性词的时候，命题为否定。判断完肯定与否再进行概念公式化的推论，就可以得出相应的结论，以及避免相应的误区了。

使用方法总结

假言三段论包含一个或者多个假言命题。情况分为以下两种。

纯假言三段论，完全由条件命题组成。

例如：

大前提：如果P是真的，那么Q是真的。

小前提：如果Q是真的，那么R是真的。

结论：如果P是真的，那么R是真的。

混合假言三段论，包含一个条件前提和一个直言前提。有两种混合假言三段论，分别是"肯定的前件式"和"否定的后件式"。

第一种："肯定的前件式"。

例如：

大前提：如果P是真的，那么Q是真的。

小前提：P是真的。

结论：Q是真的。

第二种："否定的后件式"。

例如：

大前提：如果P是真的，那么Q是真的。

小前提：Q是假的。

结论：P是假的。

在使用假言三段论的时候，需要避免两个常见误区。

第一种误区：否定前件，导致否定的后件。

大前提：P→Q。

小前提：否定的P。

结论：否定的Q。

第二种误区：肯定后件，导致肯定的前件。

大前提：P→Q。

小前提：肯定的Q。

结论：肯定的P。

12　选言三段论

逻辑的三段论其实包罗万象，在实际使用过程中能不能将逻辑魅力展现出来，最基础也是最关键的，是前提中命题的种类。

在前面我们提到三段论推理由大前提、小前提和结论组成；大前提抽象得出一般性规律，小前提从一般规律到个别具体，最后从这个推理中得出结论。任何一个正确的论证，想要得到正确的结论，都需要达到两个要求——正确的内容和合理的论证结构。在前文中，我们介绍了真言三段论和假言三段论。用不同的概念或者原理告诉了大家所谓的"游戏规则"，当你需要用真言三段论或者假言三段论的时候，你应该如何使用、识别，以及作出相应的推理。

但是，接下来的这个三段论，它是所有三段论里的一个特例，它属于三段论，却不符合某些三段论的原则，甚至违背原则，它叫作选言三段论。

选言三段论是指一个大前提中有一个选言命题的三段论，如果一个或者多个可供选择的命题被否定，那么剩下的命题可以被肯定。选言三段论也称为析取三段论或拒取式三段论，分为包容析取式和排斥析取式。

选言三段论的概念：

大前提：A或B。

小前提：否定的A。

结论：肯定的B。

也就是说，在前提中有一个前提必须是有一个或者多个选项的，在上面的概念中，"A或B"就同时存在在大前提中，举个生活中的例子，比如：

大前提：我要么选择喝茶，要么选择喝咖啡。

小前提：我不选择喝茶。

结论：我选择喝咖啡。

选言三段论又称为析取三段论，可以分为包容析取式和排斥析取式。

包容析取式是指在前提中含有"与""或""和"等词，表示多个对象同时存在，且至少有一个对象是"真"，多个对象可以同时是"真"。

用概念说明什么是选言三段论中的"包容析取式"：

大前提：A或B。

小前提：否定的A。

结论：肯定的B。

"包容析取式"的选言三段论是相对常见的三段论类型，说简单点就是二选一，但是前提也是要在选项为真的条件下进行选择。我们经常在影视剧里面看到这样的画面，两个黑帮在打架中放出狠话，一个人说："你想活命还是想死？我看你不想活了，那就是想死了！"于是确定好互相都不让着，就动手了。你看，逻辑的力量其实无时无刻不存在于生活里。

有时一些推论看起来有二选一的选项，你以为它是"包容析取式"的选言三段论，其实它不是，它是二难推论。在后面的章节里会讲到，大概的意思就是，两个都是很难的选择，有的时候你以为有选择，其实你没得选。你看着这个命题是个"包容析取式"的选言三段论，但其实它是披着羊皮的狼，是个二难推论。

排斥析取式是指在前提中至少有两个对象同时存在，且必须有一个对象是"真"，另一个对象是"假"，且两个对象不能同时为"真"，也不能同时为"假"。

用概念说明什么是选言三段论中的"排斥析取式"：

大前提：A或B（A、B之间互为排斥关系）。

小前提：肯定的A。

结论：否定的B。

举例说明：

大前提：婴儿在床上醒着或睡着了。

小前提：婴儿醒着。

结论：婴儿没有睡着。

相对于"包容析取式"的选言三段论，"排斥析取式"选言三段论强调选项之间的"互斥"性，非黑即白，非白即黑，两个选项之间不存在"薛定谔的猫"这样的模糊性选择，如上述的案例，婴儿只存在"醒着"或者"睡着"两种选择，所以当肯定了一个选项时，另一个选项则被否定。

可能有疑问的点

如何判断选言三段论的正确与否？

首先，在进行选言三段论的时候，需要对"大前提"和"小前提"进行识别。选言三段论有明显的标示性选项，那就是在前提中有"选择项"，选择项中有明显的共生关系或互斥关系。

由此可以与其他三段论区别开，或者说可以借助该结构创造一个拥有选言三段论的论证结构。需要注意的是，选言三段论容易出现假命题，或者说假设性命题，而这些命题有可能是假的。在使用选言三段论的时候，也会出现意外的情况，比如：

大前提：张小姐是北京人还是上海人。

小前提：张小姐不是北京人。

结论：张小姐是上海人。

这个推论的结果不一定为真，因为在大前提的结构选项中，有可能并不包含真实的选项，所以结论未必是真——张小姐可能既不是北京人也不是上海人，可能是个山东人。从这个角度来讲，如果大前提中的选择项相加不能代表所有选择项，那么结论未必是真，只有当选择项相加能代表所有选择项，包含所有情况的时候，推论才正确。

这就是选言三段论的特殊情况，在真言三段论和假言三段论中，可以直接通过前提中对命题的判断，加上合理的论证结构得出结论，但是在选言三段论中，需要分析选项的"包容性""互斥性"，以及两个选项相加能不能代表全部选项，如果只能代表部分选项，那么结论未必是真。

使用方法总结

选言三段论也叫作析取三段论，可以分为包容析取式和排斥析取式。

第一种情况，选言三段论中的"包容析取式"：

大前提：A或B。

小前提：否定的A。

结论：肯定的B。

第二种情况，选言三段论中的"排斥析取式"：

大前提：A或B（A、B之间互为排斥关系）。

小前提：肯定的A。

结论：否定的B。

13　二难推论

　　二难推论也叫作二难推理，是由两个假言判断和一个选言判断为前提构成的推理。为什么叫作"二难"？从字面意思就可以看出，当对方选择使用二难推论的时候，听众将陷入进退两难的境地。也就是说，二难推论其实是没有好的选项，只能在"矮子里面拔高个"，因为两个都是难选的选项，所以叫作二难推论。

　　"囚徒困境"是一个非常著名的二难推论。

　　"囚徒困境"是1950年美国兰德公司的梅里尔·弗勒德和梅尔文·德雷希尔拟定出的关于困境的理论，后来由顾问艾伯特·塔克以囚徒方式阐述，并命名为"囚徒困境"。

　　"囚徒困境"的故事是这样的：

　　假如你和同伴两个人共谋犯罪，比如，抢银行。你和同伴一个是主犯，一个是共犯。你们都被抓了，并且被关入监狱，不能互相沟通。如果两个人都不揭发对方，则由于证据不足，每个人都将坐牢2年；若一人揭发，而另一人沉默，则揭发者因为立功而立即获释，沉默者承担所有罪责而入狱10年；若互相揭发，则因证据确凿，二者都会被判刑5年。

这个时候，你是选择揭发还是不揭发？为了方便理解，你作为"A"，对方作为"B"。

第一种情况，A揭发，B不揭发，那么A无罪，B坐牢10年。

第二种情况，A不揭发，B不揭发，那么A坐牢2年，B坐牢2年。

第三种情况，A不揭发，B揭发，那么A坐牢10年，B无罪。

第四种情况，A揭发，B揭发，那么A坐牢5年，B坐牢5年。

那么问题来了，选择权在你手上，你会怎么选择？你选择揭发，要么无罪，要么坐牢5年；你选择不揭发，要么坐牢2年，要么坐牢10年。A坐在监狱里盘算，认为揭发更有利，因为觉得最多坐牢5年，还有可能无罪释放；但是B也是这么想的，所以A一定是至少坐牢5年，最多10年。囚徒困境告诉我们一个道理，当双方都处于二难推论的困境里，只有合作才能共赢。从双方的利益角度来讲，损失是这么算的：

第一种情况，当A揭发，B不揭发，那么A、B总共坐牢10年。

第二种情况，当A不揭发，B不揭发，那么A、B总共坐牢4年。

第三种情况，当A不揭发，B揭发，那么A、B总共坐牢10年。

第四种情况，当A揭发，B揭发，那么A、B总共坐牢10年。

从双方的共同利益出发去考虑这件事的时候，答案就显而易见了，从共同利益出发应该选择第二种情况，都不揭发。所以在很多情况下，二难推论可以促使双方计算共同利益得失，这也是合作共赢比互相竞争盈利更多的原因。

当然，囚徒困境只是一个理想状态下的简单推论，遇到真实的情况，各自还会有不同的考虑，比如，双方的关系、参与程度等。

由囚徒困境这个故事引发出一个新的问题，那就是当你陷入二难推论中，应该如何自救。简而言之，就是如何破解二难推论？

　　相对于前面提到的设计一个直言三段论、假言三段论和选言三段论，设计一个让听众面临两难选择的二难推论并不难，你只要在推理中设置两个对听众来说不好作选择的选项就可以了。那么，难点就在于，当我们作为听众，在听到对方使用了二难推论，使我们陷入一个两难选择的境地的时候，应该如何破解对方的论证结构呢？

　　破解二难推论的方法1：**否定一个假言前提**。

　　二难推论是由两个假言判断和一个选言判断为前提构成的推理，因此想要破坏掉二难推论的结构，可以从"否定一个假言前提"入手。

　　举例说明：

　　如果孩子喜欢上学，那么不需要鼓励。

　　如果孩子不喜欢上学，那么鼓励也没用。

　　孩子喜欢或者不喜欢上学，鼓励都是不需要或没有用的。

　　注意看例子中结构的构成，在结构上，一个假言前提是"如果孩子喜欢上学，那么不需要鼓励"，另一个假言前提是"如果孩子不喜欢上学，那么鼓励也没用"，结论是一个选言判断"孩子喜欢或者不喜欢上学，鼓励都是不需要或没有用的"。

　　破坏掉其中一个假言前提"如果孩子喜欢上学，那么不需要鼓励"，提出一个反对的案例，这个反对案例是"不是每一个孩子都喜欢上学"，而且如果孩子喜欢上学，那就不需要鼓励了吗？我们小时候也喜欢上幼儿园，但是也有因为下雨不想去的情况。

　　退一步来讲，假言前提中，孩子喜欢上学和不喜欢上学这两个方向之间，还有一个选项，那就是孩子既不是喜欢，也不是不喜欢，但他需要去上学。所以这个假言前提成立吗？不成立。如果前提没有穷尽所有选项，那么这个二难推论就有被击破的可能性，也就是不成立的。所以，当你可以破坏掉其中一个假言前提，这个二难推论就不成立。

破解二难推论的方法2：**反二难推论法。**

构造一个二难推论，使其结果与之前的二难推论相反。最好是在之前的二难推论基础之上，进行二难推论。

举例说明：

有个老太太有两个女儿，两个都是做生意的，大女儿卖伞，小女儿卖布鞋。老太太经常哭泣，晴天也哭，雨天也哭。

老太太的二难推论是这样的：

如果下雨，那么小女儿的布鞋卖不出去。

如果晴天，那么大女儿的雨伞卖不出去。

所以，不管是晴天还是下雨，女儿的生意都不好。

有个和尚听到之后哈哈大笑，他说："老太太，你应该笑，并且天天笑。"

老太太问为什么，和尚说：

如果下雨，那么大女儿的伞卖得好。

如果晴天，那么小女儿的布鞋卖得好。

所以，不管是晴天还是雨天，女儿的生意都很好。难道你不应该笑吗？老太太一听，觉得他说得对啊，于是换了个角度思考，就不哭了，改成了晴天也笑，雨天也笑。

使用方法总结

如何建立一个"二难推论"？

二难推论需要由两个假言判断和一个选言判断构成，两个假言判断为前提，一个选言判断为结论，以此构成"二难推论"的推理。

如何破解"二难推论"？

破解二难推论的方法1：否定一个假言前提。

想要破坏掉二难推论的结构，可以从"否定一个假言前提"入手。

破解二难推论的方法2：反二难推论法。

构造一个二难推论，使其结果与之前的二难推论相反。最好是在之前的二难推论基础之上，再进行二难推论。

14　逻辑的摘要

"逻辑的摘要"中的"摘要"，大家都能理解，就是把要点记下来，那么"逻辑的摘要"就是对逻辑的要点进行重点罗列。

苏格拉底有句话是这么说的："一件事一旦被写下来，无论是什么内容，都会被到处流传的，既会传到能看懂的人手里，又会传到无关的人手里。文字本身并不知道如何与正直的人说话，也不知道如何不与邪恶的人说话。因为文字没有自卫或自救的能力。"

他不仅看到了文字的工具作用，还看到了这个工具不听话的一面。一旦写下一行字，它就不是你的了，它会超出你的控制，走到陌生人那里，甚至是邪恶的陌生人那里，但要命的是，它还是你写的，你逃脱不了责任。

在进行逻辑表达的时候，我们能不能控制自己讲话的内容？很多人会下意识地说"我当然可以"，但是在实际的沟通过程中，很多语言的表达其实都是下意识的反应，除非练习过多次，以至于出错的概率不大，否则，大部分的人对于自己讲述的内容是没有绝对的把控能力的。

举个例子，有一天你跟朋友说八卦，你本来只打算说A和B的八卦，但是对方在跟你聊天的过程中聊到了C，你很快陷入对C的评价当中，并且一不小心透露了有关于C的八卦。当C从别人口中听到这件事，很可能会跑过来质问你为什么把自己的秘密公之于众。你这个时候才会发现："哎呀，当初我怎么说漏嘴了呢？我明明打算只说A和B的八卦，怎么会把C的八卦也告诉别人了呢？"

生活里这样的例子到处都是，祸从口出，病从口入，讲的就是这个道理。

如何避免自己的逻辑混乱、表达出错或者说太多呢？最关键的一点就是做好"逻辑的摘要"。那么，逻辑的摘要该怎么做？

第一步，**明确论述主题背后的逻辑结构类型**。

在公开表达之前，需要明确讲述的主题，也就是论点，确定论点和主题之后，依据相关的素材做好逻辑结构类型的选择。可以参考这些常用的逻辑结构类型：数字拓展逻辑、总分总结构逻辑、时间逻辑、钟摆逻辑、空间逻辑等。

第二步，**明确逻辑推理中使用的技巧，并建立论证**。

当确定好需要的逻辑结构类型，接下来，需要明确逻辑推理中使用的技巧，并建立论证。在建立论证的过程中，列出前提和结论中涉及的命题，并且罗列出论点和论据，建立核心的论证关系。

第三步，**得出结论及复盘**。

一个简洁明了的逻辑摘要，能够把讲述过程中涉及的核心重点都写出来，避免在讲述过程中因为逻辑不清晰而导致谬误，以及讲跑偏了、讲多了，或者忘记了自己的逻辑主线是什么等各种情况。

我们前面在讲失误误区的时候讲过一个案例，大意是要把自己的一场公开演讲或者表达当作一次对陌生目的地的探索。有逻辑性地说话，就相当于借助手机app查看导航，你虽然从未去过那个目的地，但是你根据主线，观察和记录沿途的标志性建筑，就可以抵达目的地。

有逻辑地表达离不开简短有力的逻辑摘要，它能帮助你梳理整个表达的核心内容，在罗列的时候，帮助你清晰地知道自己要讲什么，已经讲完了哪些内容，以及还要讲多少内容。

一段精准表达的有逻辑的讲话，一定离不开逻辑摘要。逻辑摘要就像是一把伞的骨架，如果伞失去了骨架，就像是一块没有力度的布，撑不起来；如果讲话没有了逻辑摘要，就会散漫得无法为你"遮风挡雨"。简而言之，所有的表达都需要一段逻辑的摘要。这应该形成一种习惯，以便在每次需要的时候，都可以迅速根据摘要完成一段有逻辑的表达。

04

失误的类型

01　远离主线

远离主线，即我们在表达的时候脱离了正轨，就像火车在没有轨道的空间里行驶，贪吃蛇在乱七八糟的糖豆面前拐弯，都容易撞上自己的尾巴导致游戏结束。远离主线主要有三种误区，第一种误区是没有主线或主线不明晰；第二种误区是困在细枝末节里；第三种误区是过度解读和拓展。

有一次，我让实习生总结一下他目前的工作。一周过去了，他告诉我他把工作总结发到了我的邮箱，我打开一看，足足有100多页的PPT内容，当时就震惊了。我把他叫过来询问，"为什么有这么多"。他挠挠头说："我可能解释得比较清楚，所有的关键词，我都把百度到的意思粘贴上去了。"

一个工作不到一年的实习生，在总结工作的时候总是想要面面俱到，以至于好像说得太多了，甚至总结汇报写出了100多页。到底是哪里有问题呢？我看了他的工作总结，发现他犯了所有容易脱离主线的问题：没有主线、细枝末节太多，以及过度地解读和拓展。

这也是大家在表达的时候容易远离主线的原因，接下来我们来一一拆解这些误区，看看如何避免自己陷入误区。

第一种误区：**没有主线或主线不明晰**。

当你想要论证一个观点的时候，需要找到相对应的佐证材料去验证自己的观点。当你进行一个拓展的时候，需要根据一定的逻辑主线讲述自己的观点以及相应的案例和数据。这个行为不仅是大人之间的，小孩也是这样。前几天去朋友家做客，小孩问妈妈："妈妈，我可以要两颗糖吗？"大人问他："为什么是两颗？"孩子说："妈妈，因为我今天很乖，自己收拾了玩具，我想要一颗糖，但是我要分给妹妹一颗，所以是两颗糖。"我当时觉得这个孩子的表达能力真不错，他讲述的是一件很简单的小事情，但是讲得有理有据，让人无法拒绝。

小孩子都能够把事情表达清楚，为什么越长大越不能直接把话说明白了呢？因为我们学习了更高级的词汇，掌握了更多的信息，以及在表达的时候想要同时传递的内容增加了。

但是学习表达，其实就是给自己的表达做减法。最好的表达方式是使用老人、小孩都能听懂的语言，这样的语言传递的内容才不会导致信息量流失。

所有的信息都围绕同一根主线展开，内容的增加只是枝干上冒出的树叶，不脱离主线才能继续存在。主线不清晰也会导致表达的冗长和不知所云。当你想讲三国的故事，讲着讲着又讲到李白和杜甫，讲完觉得余华说过的一句话放这里也合适，可能讲到最后自己都忘了要讲三国的故事了。

第二种误区：**细枝末节太多**。

细枝末节太多是指在讲述中，对无关主线和重点的内容过度描述。当别人问你："你有前男友吗？"你说："有啊，我有3个前男友，分别是张三、李四、王老五。张三是河南人，是个程序员，今年28岁，因为什么分手的……李四是安徽人，是个会计，今年30岁，最喜欢蓝色，目前也单身……王老五是卖钻石的，家里好几个亿资产，分手是因为婆婆嫌弃我家穷……"

别人只是客气地关心一下，你却把知道的信息都透露了出来，不仅花了大量时间，还有可能泄露隐私。当你习惯性描述细枝末节的时候，对方有可能早就听不下去了，想要打断但是又不得不耐着性子继续往下听。

那么在讲述的时候，拓展多少内容为宜呢？

讲述的时候，要根据主线讲内容。当对方只是简单寒暄，简单回应一两句即可。当对方想要咨询某件事情的进展、解决办法，或者想要听你讲一段故事时，你可以进行深度的内容拓展，以3~7点为宜。一般来说归纳为3点，或者三段式，即使内容特别多也不要超过7点。一旦超过7点，大家就会觉得内容又臭又长。

第三种误区：**过度解读和拓展**。

过度解读和拓展是指在对方听的过程中，担心对方听不懂或者不理解而进行太多的解释和拓展。我们可能都听过一个词叫作"知识的诅咒"，这个词的意思就是，你以为对方在跟你沟通的时候能够理解你说的全部信息，但其实不能，从而导致理解误差。因为每个人来自不同的地方，有不同的教育背景、不同的工作经历，所以在进行沟通的时候会有理解偏差。

但是，很多人会过度解释这些偏差，甚至解释到非常通透的程度。比如，一个教授要解释为什么地球会有引力，为了解释清楚，他拓展出的内容涉及海底两万里，以及恒星和行星的运转规律。从教学的角度来说，这些内容适合在课堂上介绍给学生作为探讨宇宙文明的内容，但是如果是一对一沟通，那么这一个简单的问题犹如引起了一场风暴。

我问某实习生，"这个复合板好用吗？"他告诉我，"这个复合板原名叫作压缩型复合板，是用废旧的木材和废弃物压缩制成的。目前这种压缩的技术还不算特别发达，但是因为成本低廉所以大多数情况都用它。我用它试过了，这种复合板能够承受的压力是……"我想知道的信息可能仅仅是它好不好用，但是对方却因为担心表达不够清楚而尽可能地解释。

总而言之，脱离主线的讲述，主要是进入了以上三种误区，第一种误区是没有主线或主线不明晰，导致听众听得云里雾里；第二种误区是讲述者困在细枝末节里无法自拔，想把边边角角的事情都讲得一清二楚；第三种误区是过度解读和拓展。因为每个人背景不同，理解当然有偏差，但是与主线或者重点内容无关的内容，越少越好。精准地表达就是："少即是多"。

02　没有根据的反驳

在对话中，当我们遇到打断或者质疑，会本能地先反驳再讲理。这就很容易掉入一个误区："进行没有根据的反驳"。

在某个学术会议上，为了凸显自己的博学多识，小张在做汇报的时候，加了一句话，他说："鲁迅说一图胜千言，所以我今天在这里就不跟大家介绍太多了。"

话音刚落，角落里的实习生小李大喊一句："鲁迅没有说过这句话。"听得小张又羞又恼，立马回怼道："你怎么知道鲁迅没说过，鲁迅说过那么多话，你怎么知道某一句话是不是他说的？"小李也是不怕事，直接说："那你怎么证明他说过？"刹那间，所有人的目光齐刷刷看向小张，小张巴不得找个地缝钻进去。

这个互怼的场景你是不是感觉似曾相识？其实在很多场景里我们都会遇到所谓的"杠精"，他们只要抓住一点问题就会无限放大。在后续的内容中我们会详细介绍在沟通过程中如何避免讲"不正确的事实"这件事，所以这里不过多展开。

当你不小心说错话，或者运用了不正确的事实，在别人质疑的时候，你需要如何回复呢？或者说，如何避免掉入"进行没有根据的反驳"这个误区呢？

首先，你需要**拖延时间**。

拖延时间的好处是能为你争取更多的思考时间。大多数的反驳没有根据都是由于准备时间稀少，或者说根本就没有准备时间。当你遇到质疑，想要反驳时，你需要尽可能拖延时间，然后迅速思考和准备回答。

你可以通过说这些话拖延时间："嗯……我想想""首先，我觉得你刚刚说的那个问题""你觉得呢"。

你还可以通过反问和重新描述对方问题的方式，增加自己的思考时间，放慢语速、语调，甚至增加一些喝水、倒茶的动作，为自己争取更多的思考时间。

其次，**明确问题的主题**。

在看《奇葩说》的时候，你一定有这种疑问：为什么他们双方可以从那么多角度对主题进行阐述？他们在对方反驳的时候都是怎么一针见血地指出对方的思维漏洞的？

其实，在沟通过程中，双方对于主题的认知是有很大偏差的。为什么《奇葩说》的辩手们每次抛出自己的论点论据都可以稳准狠，而且气场全开？不外乎他们在对主题的阐述中找尽各种角度，并且进行了大量有准备的叙述，以至于每一句话都有出处或者理由，也就是说，每一次反驳都是"有根据的反驳"。

当你进行反驳的时候，说出的话自己都不信，自己都说不出来这个观点的支撑力在哪里、出处是哪里、数据是否真实，那么这样的话说出去就像一只气球吹向了天空，轻飘飘的。

进行有根据的反驳是以事实为依据，进行有力的回击。当你想要避免掉入"进行没有根据的反驳"这个误区的时候，要注意不要被对方的思路带偏，重新审视主题，回归主题主线，这样就可以迅速把思路重新捋清。

最后，**只说有根据的事实和数据**。

如果对话是提前计划的，那么你会有大量的时间去准备这些讲述的内容，如果是被临时点名并且遭遇质疑，短时间内你没有办法准备太多有根据的事实和数据，那么只说自己知道的部分即可，又或者你可以试试移花接木。

说自己真实的事实和数据容易做到，移花接木又是什么意思呢？

移花接木的意思就是，当对方的问题并不好回答的时候，你需要转移焦点或巧妙地回复。比如，有一次演讲课上，老师讲完一个观点之后，一个学生说："老师，我知道你讲的都没有用。"

现场的同学们纷纷伸长了脖子准备看热闹，这个时候老师回话了："这位同学，知识分为三种，一种是你知道你知道的，一种是你知道你不知道的，还有一种，是你不知道你不知道的，等上完课你就知道今天的知识属于哪种了。"台下顿时掌声一片。

你看，这是一个真实的故事，老师没有直接回答这个同学"刁难人"的问题，而是巧妙地抛出了一个类似于万金油一样的回复。这个老师的回复真的是天衣无缝吗？仔细推敲会发现其实未必，但是可解燃眉之急。

这就是移花接木的用法，我们在生活和工作中会遇到各种"杠精""键盘侠""牛角尖"，不管是对方有意为之还是无意促成，当你遇到质疑需要即兴发挥的时候很容易出现"没有根据的反驳"这一失误，这个时候你要注意了，回想这几个小技巧：拖延时间、明确问题的主题，以及只说有根据的事实和数据，实在不行，那就使出大招进行移花接木，先解决眼下的困境。

03　脱离身份的角度

在职场中，你有没有遇到过这样的情况：不管在哪家公司工作，你总是能够发现这样一个人，无论职位高低，他总能够得到大家的喜欢。他为人处世和善，说话温柔，你和同事总是喜欢跟他在一起待着，甚至只要是他提出的帮忙，你们就会毫不犹豫地答应。但是还有一种人，喜欢高谈阔论，分明是下属却每次说话都用领导的姿态，有的时候还喜欢"教训"领导，甚至当众给领导难堪。

这样的人对于自己的角色和定位没有清晰的认知，容易在人情世故上吃亏，被人在背后穿小鞋。民间有句俗语，叫作"屁股决定脑袋"。

"屁股决定脑袋"这句话，出自《红楼梦》开篇："贾雨村断案时想，原来当官没别的诀窍，无非是看脑袋指挥屁股，还是屁股决定脑袋。"意思是屁股坐在什么样的职位上，脑子里就会有相应的想法。屁股决定脑袋，用文明一点的说法叫作"位置决定想法"。一个人坐什么位置，往往决定了他思考的角度和范围。

其实，我们的日常生活中存在着相当多"屁股决定脑袋"的现象。比如，一个公司的老板，考虑的就是公司如何发展，如何增加利润；而业务员考虑的就是如何创造更多的业绩，增加自己的收入。简言之，处在不同位置，拥有不同社会背景的人，想法会有着相当程度上的偏差，而这种偏差，是由他们所处的位置不同带来的。

所以，要想跟某人沟通，先要知道他想的是什么，他最关心的是什么，而要知道他最关心的是什么，那就先要看他处在什么位置上，从他的角度去思考。

换个角度来说，我们想要在沟通中展示自己说的话有逻辑，第一步就是要把握好自己的角色和定位。你在职场上充当什么角色，这个角色在整个公司架构里承担了什么样的工作职责，这是你需要在任何一个职场沟通环境里明确的东西，你的立场、你的价值判断、你应该向着谁说话，这都很重要。

假如你是财务，跟别人聊工资就是大忌；假如你是老板助理，跟同事聊老板私事就是大忌；假如你是实习生，跟同事聊公司机密就是大忌。职场上，在什么位置说什么话很重要，把握话语权的范围也很重要，不清楚的事情不说，超越职权范围的事情不加干涉和评论，都是把握好自己的角色和定位应该做到的事情。

除了注意自身的身份带来的角度，沟通中还要注意保持真诚。有个人评价托尔斯泰："托尔斯泰是俄罗斯伟大的心魂，他不仅是一个伟大的艺术家，还是一个为许多人所爱戴的真诚朋友。他的作品与他的生命紧紧联系在一起，他的一生都在进行紧张的探索。"当别人评价他的时候，把"伟大的艺术家"和"真诚的朋友"放在一起，以此来赞美他。

在别人看来，托尔斯泰是拥有人性光辉的，而这种人性的光辉通过他真诚的品格来体现。

古人说："以诚学习则无事不克，以诚立业则无业不兴。"其中的"诚"，就是指真诚。真诚的解释可从字面入手，即真实坦诚，真心实意待人，从心底去爱他人，终而获得他人的信任。

曾国藩先生曾给"诚"字下过定义：一念不生是谓诚，故"诚于心，必能形于外"。也就是说，真诚是内心的纯净无杂，是外表的真实，不虚伪，率性自然，易让人亲近。这样的人无论是为人还是处事都十分实在，所以在学习上没有不能攻克的，事业没有不兴旺的，以此，让人生立于不败之地。

真诚是最高级的情商，当你很坦诚、真诚地跟对方沟通的时候，对方才能够感受到你的诚意，这是沟通中任何的技巧都没有办法取代的部分。那么什么是真诚的沟通？

就是表达你真正的想法，比如对他人的关心，对这件事情的理解，自己的取舍，以及真诚地赞美别人为此的付出和努力。在适当的时候可以通过"自我袒露"让别人感受到你的真诚。

"自我袒露"是指有意透露与自己相关的信息的过程，而这些信息通常是重要的、不为人知的信息。一个自我袒露的行为通常会引起他人的自我袒露行为，这并不保证你的坦诚就会带来对方的坦诚，但是你的坦诚会使他人感觉安全，甚至感觉有义务去配合你的坦诚。

比如，我最近总是感觉很无聊，对方很有可能说我也是，当你聊到自己的家庭，我们家有三个孩子，对方也会下意识地说出自己的情况。

当我们习惯真诚地跟别人交流和沟通的时候，你的真情流露会激发对方展现出更多真诚的态度。在后面的章节我们会仔细说说真诚这件在沟通中很重要的事情。

除了立场和真诚，借用别人的智慧来听取不同的意见，在职场中，也特别重要。我们每天都奔走于不同的人和事之间，有人比你聪明，也有人不如你，但是你需要做的是取人之长，避人之短，借用别人的智慧，听取不同的声音和意见。

在《汉书·霍光传》里记载了一则"曲突徙薪"的故事：从前，有一户人家建了一栋房子，亲朋好友纷纷称赞房子造得好，主人十分高兴。

这时，有一位朋友对主人说："您家厨房上的烟囱是直的，灶膛的火很容易落到房顶上，极有可能引起火灾。您应该在灶膛与烟囱中间加一段弯曲的通道，这样就安全多了。"主人不以为然地笑了笑。

朋友又说："您在灶门前堆了很多柴草，这样也很危险，还是搬远一点好。"主人心里很不高兴，没有听从朋友的建议。

过了几天，新房果然发生了火灾，邻居们奋力帮助他把火扑灭了。主人摆了酒席，感谢帮忙救火的人。这时，有人提醒主人："您请了救火的人，怎么能忘了那位忠告您的朋友呢？"主人连连点头，亲自跑去把那位朋友请来了。

借用别人的智慧，听取不同的意见，一方面可以帮你减少很多麻烦，另一方面可以让他人有种被重视和认可的感觉。

在沟通的时候多向别人请教，可以增加自己的知识面，同时博得好感，一个优秀的职场人，懂得在任何时候都尊重他人，欣赏他人的优点和亮点，即使是面对批评，也能够坦然自如地面对。

04　不完整的前提

在生活场景中，有很多事情都是因不完整的前提而产生的误解和推论所导致的，这样的事情也发生在很多影视作品中。

在电影《搜索》里面有个经典桥段：有一天，都市白领叶蓝秋（高圆圆饰）坐公交车的时候，有老人让她让座。这时，身穿制服，高冷外露的叶蓝秋戴着墨镜，拍了拍大腿说："坐这。"这一幕正好被公交车上的年轻人用手机记录下来发到网上，于是引发了网暴。叶蓝秋被人肉搜索乃至丢了工作，所有人都骂她不懂得尊老爱幼，一步步将她推向死亡的深渊。

如果你只看到这些，你可能也会觉得女主角自作孽不可活，但是在前面加个前提，整个故事就变了。前提是坐公交车之前，叶蓝秋刚刚拿到自己的癌症确诊通知书，并被告知时日不久。在公交车上茫然无措的她深陷极度悲伤之中，却被老人硬是道德绑架要求她让座。

一个前提改变了故事的风向，一个前提也可以改变整个结局。哪些情况容易导致我们陷入"前提不完整"这个误区？

首先，**知识薄弱**。

知识薄弱可以理解成日常中经常说的眼光狭隘，或者井底观天。本书反复强调了逻辑的本质是"知识"，你知道的真实信息越多，思维的广度和深度越能够帮你作出正确的决策。

查理·芒格说过一句话，他说："我这辈子遇到过的聪明人，来自各行各业的聪明人没有不每天阅读的，一个都没有。巴菲特读书之多，我读书之多，可能会让你感到吃惊。孩子们都笑话我，他们觉得我是一本长了两条腿的书。"

未来属于终身学习的那些人，而阅读是最具有性价比的事情。分享一个我自己建立知识库的办法，比如，我需要建立"沟通"这个领域的知识体系，我就会在网上搜索相关的书籍推荐，把最受欢迎的前50本左右的书列出来，买下来，然后找一个空白的时间，大量地阅读。

在阅读同一类型书籍的时候，你会发现每本书的角度虽然不尽相同，但是总有些每本书都在说的概念，那些就是重点，把它罗列出来组成骨架，其他的案例和各个角度的细节就是填充血肉了。

通过阅读整理完整个知识架构，接下来就是找机会大量使用、实践和犯错，最好是能够带来正向反馈的，比如，使用该技能赚钱就属于非常好的正向反馈。通常做到这两步就能够把知识掌握得很好了，如果还想提升，可以找全国该领域最厉害的一些人，如果太远的找起来太费劲，就找身边能够接触到的运用该技能的佼佼者，一起切磋和精进，这样你在该领域就能够比普通人拥有更丰富的视角。

知识薄弱导致前提不完整，并导致逻辑链条不够长，逻辑体系不够完善和丰富，知识需要在漫长的时间中进行积累。

其次，**忽略语境**。

在命题和论证过程中，忽略语境会导致前提不完整。忽略语境常见于对字面意思的误解，或无意、或刻意地理解错命题中的原意。一词多义是很多误解产生的原因。

比如，在论证过程中：

大前提：因为A，所以B。

小前提：因为C，所以A。

结论：因为C，所以B。

如果A存在多重含义，那么结论不一定成立。当某个词有多重意思，或者可指代不同的人或事情的时候，推论不成立。

比如：

我喜欢一个人。

一个人很好。

所以，我喜欢独处。

"一个人"可以衍生出两种含义，第一种含义是指"独自""单独一个人"，是指代自己一个人；第二种含义是指"那个人"，是除自己以外的具体人物，可以是暗恋或者喜欢的对象。

再举个例子：

漂亮是美丽的事物。

他是个活得很漂亮的人。

所以，他颜值很高。

"漂亮"具有两种含义，第一种是外表好看，第二种是出彩、精彩。他活得很漂亮是指这个人的生活方式很精彩、很出彩，但是并没有就其外貌进行描述，所以无法论证出他的颜值很高这个结论。

因此，忽略语境是造成前提不完整的因素之一，也是推论中常见的误区。在命题与论证过程中要避免一词多义的情况，或者在对方论证过程中可以以此作为论证不成立的依据。

最后，**自相矛盾**。

"自相矛盾"原文出自《韩非子·难一》，是历史上经典的逻辑谬误之一。我们来回顾一下：

楚人有鬻盾与矛者，誉之曰："吾盾之坚，物莫能陷也。"又誉其矛曰："吾矛之利，于物无不陷也。"或曰："以子之矛陷子之盾，何如？"其人弗能应也。夫不可陷之盾与无不陷之矛，不可同世而立。

其大意是：

在春秋战国时期，有个楚国人沿街叫卖自己制作的矛和盾。这个人先夸自己的盾很坚硬，他对大家说："我的盾很坚硬，无论用什么东西都无法破坏它！"然后，他又夸自己制作的矛很锐利，他说："我做的矛很锋利，无论什么东西它都能破坏！"大街上人来人往，自然有人好奇，就问他："如果用你的矛去刺你的盾，它们将怎么样？"那个人刹那间无法回答。

众人嘲笑他是"自相矛盾"，我们都知道，从逻辑上来说，无法被刺穿的盾牌和能刺破所有盾的长矛，是不可能共同存在的。

自相矛盾的逻辑不可能同时存在，但是自相矛盾的论证却经常被人误用。

因为在论证过程中，很多结论是推理出来的，未经当下验证的，所以假设命题为真才能进行相关论证。

因此，当我们因为需要推理而进行虚拟的假设时，需要遵守一个原则，那就是命题不能自相矛盾。前面的章节反复强调了未经验证的事实作为命题本身是有问题的，但是在遇到需要假设的时候，只能通过反复确认命题不会自相矛盾，且是依据真实情况和数据进行命题论证的。

举例说明自相矛盾和虚拟假设：

人是会死的。

死后的人会变成鬼魂。

所以，人会变成鬼魂。

这个论证是虚拟假设，是不可验证且自相矛盾的。所以论证结果不成立。总结一下，导致前提不完整的原因有：知识薄弱，需要通过大量的阅读和实践加以弥补；忽略语境，需要避免使用多义词，不然容易被对方望文生义；自相矛盾，虚拟假设和自相矛盾的命题无法验证真伪，所有命题需要满足不能自相矛盾的原则。

05 不正确的事实

曾任美国联邦最高法院大法官的路易斯·布兰代斯说过："语言逻辑应该以事实逻辑为基础。"

在职场，我们经常听到一些"不正确的事实"。比如，老板说"今年定个小目标，我们先挣它一个亿"。

不正确的事实，就像是纸老虎，吓一下小孩或许可以，但是老板想要让员工跟着自己干，还得拿出"正确的事实"才行。

在论证过程中，不正确的事实很容易被对方分析出来，但是有时，我们在使用和论述的过程中，自己也不知道事实情况，那该怎么办呢？在后面的章节里，我们还会涉及一个概念，叫作"普遍事实"，即公认的事实，大多数人都认可的事实情况，以及"历史既定"或者"新闻事实"。

回到这个章节里的"不正确的事实"。在论证中，论点和论据都需要是正确事实推理所得，特别是论据，需要真实可靠。

哪些素材或者信息来源，容易是"不正确的事实"，需要谨慎使用呢？

首先，**道听途说的信息**不可靠。

七大姑八大姨走亲戚时嚼舌根听来的信息，大多数加入了个人情感和猜测，这些故事和信息已经被无数次加工过，容易变成不正确的事实。

避免用这些话作为论证的依据，这些话大多数是未被验证真伪的信息：

"我听某某人说了一件事。"

"我听说离婚率很高。"

"我听说某件事的占比有……"

"某某说，这件事就是不对的。"

"某某说北上广人均工资……"

引用数据，以官方报道为准，或者是引用某个专家在他已经有所成就的领域发表的相关言论和数据。可以从这些官方渠道获取真实可靠的数据：国务院客户端、国家统计局官网、中国人民银行调查统计司、财政部财政数据，或者学术性权威平台。

引用故事和案例，以最具影响力的媒体发布的为准，辅助查询工具可以是百度（拥有百度百科的专有词条）、史料记载或者权威机构出版的著作等。

前阵子我参加一个演讲活动，刚好看到了这样一幕：武汉同济医院心血管科专家周宁医生在演讲之前反复验证了演讲过程中涉及的数据，比如，"人的一生，心脏要跳26亿次，10秒钟的心脏停搏就可能导致晕厥，4分钟的心脏停搏就可能导致脑死亡。每年有54万人死于心源性猝死"。

尽管周医生已经是心血管科的专家甚至是名医,在该领域权威机构发表过几十篇著作,但是在面对数据的时候,他仍然多次找官方渠道加以验证,在登台演讲之前,还为了表达的准确性,加上了"可能导致"这样的字眼,防止数据存在误导性,可以说是非常严谨地对待表达中涉及的数据了。

其次,**亲眼所见未必是真**。

亲眼所见的就是事实吗?俗话说"耳听为虚,眼见为实",但是在充斥着爆炸式信息的今天,很多视频甚至现场都存在虚构的故事。甚至有个专有名词叫作"恶意剪辑",意思是把不同时间的画面故意剪辑在一起,以造成浮夸、虚假、不礼貌的效果。

辨别是非真伪在当下特别重要,这也是我们在很多事情前因后果没有弄清楚之前不要妄下定论的原因。随着电视剧《三十而已》大火,剧中主演之一毛晓彤也凭借实力被众人记住,但是有一个节目被翻了出来,在节目中毛晓彤亲生父亲痛斥毛晓彤不赡养老人。赡养父母本应是作为子女的责任,但是身为一线的明星,却抛弃亲生父亲,任谁看来都可以唾之弃之。

不久后,故事迎来反转,原来她的父亲当年因为毛晓彤是女孩儿而将她丢在垃圾桶里,任其自生自灭,是毛晓彤的母亲心疼孩子,把孩子抱回来带走,独自抚养长大,并且倾尽心血培养,送她去唱歌、跳舞、学琴。

八九十年代唱歌、跳舞、学琴都是"昂贵的"课外辅导班,一个单身母亲想要独自抚养女儿已经很不容易,还要全力支持她的兴趣爱好,将其培养成才,这样的经历,艰辛劳累在所难免,但是毛晓彤妈妈不但坚持了下来,更是将女儿培养得落落大方,出类拔萃,性格勇敢且坚毅。

了解了这些"前提",听众似乎能够理解毛晓彤对于亲生父亲的冷漠了,大众对于肉眼可见的现实,有了更多的判断,不赡养是真的,被抛弃过也是真的,亲生父亲看到毛晓彤赚钱了,一开口就要5000万也是真的。冷漠无情又贪财的父亲，如何配得上一路艰辛的母亲，如果顺从网友的网络暴力，把钱交给并未抚养过自己的父亲，那么很多人一生所追求的正直、善良和公平将被践踏。

亲眼所见未必是真，看这本书的你一定看过不少"打脸"的故事，比如，著名的"罗一笑事件"，他女儿身患白血病，于是他利用一篇公众号文章众筹几百万捐款，但到最后网友们却发现女孩儿父亲竟有房产也不卖，原因是儿子还要用。这个时代黑白没有了明显的界限，信息充斥着生活的每一处，保持质疑精神，追崇真理、真相、真实需要勇气，更需要不断修炼自己的逻辑链条，丰富精神世界。

最后，警惕**无法验证的事情**。

无法验证的事情也是"不正确的事实"。无法验证的事情往往表现为"信口开河"。比如，"天上有2万颗星星"，截至目前，星星的数量仍未可知，有的人说肉眼可见的不超过7000颗，有的人说天上有一万亿颗星星。科学家至今没有明确的定论，而且这件事情就目前的科学水平而言无法给出定论。宇宙在边界在哪里？星星用哪些星系划分？这些都不是随口一句就能说得清楚的，这样的论据无法验证。

当对方提出的论据和论证过程是无法验证的事情时，需要谨慎采信，我们自己在表达过程中也要避免使用未经验证的信息，避免这样说：

"我有3万根头发，我是发量富翁。"

"手机玩多了，孩子会变笨。"

"达·芬奇是穿越过去的，他懂得太多了。"

"十年之后，我比你漂亮。"

"两年之内房地产泡沫会破裂。"

数不清的数字、毫无根据的推理、对未来的想象等其实都属于目前"无法验证"的事情。如果对方说"你证明给我看看"，你回复"那你证明给我看不是我想的这样的"，那么双方就陷入了无法验证真伪的局面。

著名的历史事件就有"子非鱼安知鱼之乐"，叫作"濠梁之辩"，记载于《庄子·秋水》中：

庄子与惠子游于濠梁之上。庄子曰："鲦鱼出游从容，是鱼乐也。"惠子曰："子非鱼，安知鱼之乐？"庄子曰："子非我，安知我不知鱼之乐？"惠子曰："我非子，固不知子矣，子固非鱼也，子不知鱼之乐，全矣。"庄子曰："请循其本。子曰汝安知鱼乐云者，既已知吾知之而问我，我知之濠上也。"

其大意是：

有一天，庄子和惠子在濠水的一座桥上走着。

庄子看到了水里的鱼，他说："鲦鱼在水里悠然自得，这是鱼的快乐啊。"

惠子说："你不是鱼，怎么知道鱼的快乐呢？"

庄子说："你不是我，怎么知道我不知道鱼的快乐呢？"

惠子说："我不是你，本来就不知道你；你本来就不是鱼，你不知道鱼儿的快乐，也是完全可以断定的。"

庄子说："一开始你说，'你哪里知道鱼的快乐'等，就是已经知道了我知道鱼的快乐而问我，我是在濠水河边上知道的。"

总结一下，哪些情况容易陷入"不正确的事实"这个误区呢？

首先，道听途说的信息不可靠。来自七大姑八大姨的口舌是非，又或者是同事朋友之间闲聊的话，特别容易扭曲事情真相和无限夸大数据，这样的信息大多数都不是真的。

其次，亲眼所见未必是真。我们看到的很多现象，未必是真实有效的信息。

最后，警惕无法验证真伪的事情。数不清的数字、毫无根据的推理、对未来的想象都属于无法验证的信息。

06 感情用事

感情用事是我们最常出现的失误类型，这种情况在家庭生活中非常常见。比如，有一天你不小心打碎了碗碟，妈妈看到后问："你怎么这么不小心？""你是不是故意气我？"或者因生活中某些鸡毛蒜皮的小事而争吵起来，妈妈会说："我为了你付出了很多，你什么态度？从小一把屎一把尿把你养大，你就是这样孝敬我的？"

你可能会说："我不孝敬吗？我给你们买东西，挣了钱会寄回家，什么都想着家里，我什么态度？我是什么态度？"到这里，家庭争吵开始升级。

我们在家庭争吵中，运用的情绪比事实要多得多，往往是"一只小蝴蝶"就可以带来一场风暴。当然，除了家庭的案例，我们自己也经常会在工作场合感情用事地说话。比如，有一天你心情不好，沟通欲望不强，说出来的话冷冰冰的，也很容易感受到敌意。

当你说："这个事你处理一下，快点给我，别像上次一样。"对方感受到了你语言里的情绪，反驳："上次怎么了？有问题吗？"办公室中的战火就会一触即发。

有的时候，你自己都没有察觉到自己的表达已经开始"感情用事"，但是你从对方的回应中，感受到了自己的表达有一些情绪化。

接下来我们就来说一说，如何避免"感情用事地说话"。

第一步，**"分辨情绪和事实"**。

分辨情绪和事实，指的是我们在表达过程中，需要分清楚自己的讲述和对方的讲述中，哪些是事实，哪些是情绪。比如，把碗摔碎了是事实，但是"你是不是想气我"这句话就是情绪。

在沟通过程中，当事人会因为各种原因陷入自己的想象空间，由想象带来的推理、感受、猜测都属于情绪传递，而非事实。当我们在一段沟通中发现自己情绪高涨或者低落，情绪的变化会直接影响沟通表达的真实性。

分辨情绪和事实，要求我们在沟通过程中，梳理出沟通中真实发生过的事情，可以是数据、动作或某个具体结果。

第二步，**"只陈述事实"**。

只陈述事实部分，眼睛看到的、真实发生过的事情，不做任何推理和延展，不过度强调自己的感受，甚至不做内容的想象。我们在沟通过程中，需要避免陷入"感情用事"这个误区。

比如，有一天，你发现男朋友和闺蜜一起出现在了同一个酒店，你可能会立马告诉自己"完了，男朋友和闺蜜同时背叛了我"，于是不管三七二十一，把两人都拉黑，不听任何人的解释。可事实有可能是闺蜜和男朋友，还有很多朋友在给你准备求婚的惊喜。

当你发现男朋友和闺蜜同时出现在酒店时，你需要判断这将是一场惊吓还是一次惊喜，你应该怎么沟通？

感情用事的问话方式是："你是不是有小三了？我给你机会自己说！你是不是早就背叛了我？我对你这么好，你为什么这样做？你太让我伤心了！"

只陈述事实地说，你需要这么说："我看到你和我闺蜜同时出现在酒店，我看到你最近总是回家很晚，我发现我闺蜜最近回复我的消息特别慢，所以，我想要知道原因。"

两种都是极端情况下的叙述，但是情绪化的沟通和陈述事实的沟通之间的差别，你是不是立马就能了解了？在这件事情上面，女明星毛某给大家做了一个示范。在发现前男友疑似出轨后，她打了一个电话，进行了"只陈述事实"的沟通。

以下是来自网络的录音内容：

陈某："我只是不想这么尴尬，有什么误会，但是我想告诉你，我当时就是把我的外衣刚脱掉，我打算换衣服，我正在找衣服。"

毛某："不是外衣，我看着你光着膀子、光着上身，你当我瞎吗？"

陈某："不是这样，咱们北京什么温度，我穿的是蓝色的那件衣服，因为太热了，我把那件外衣脱了，我里面什么都没穿，我把那件外衣脱了，我想找件衣服穿上，我正在找衣服你就进来了，这一切的事情全都是巧合，这一切全都是误会，你总要相信你想的这些事情，我却没有。"

毛某："我问你，我进屋看到的一切，是不是你光着上身，然后你问我你怎么来了，语气特别不好，然后江某为什么躲？她为什么躲起来？很奇怪，孤男寡女共处一室，你光着上半身，然后她看到我就躲起来，然后你就问我'你怎么来了？'这一切你让我怎么去想，你让我怎么去想？"

陈某："不是说你怎么去想，这些都是巧合，我当时是真的脱了衣服，正准备找件衣服穿上。"

毛某："你就当着她的面脱衣服？"

陈某："我们在剧组拍戏，我脱个上半身都没事，我下半身都脱过，我拍戏的时候换裤子都不去换装间了，我直接就在现场脱，这有什么呢？咱们认识这么多年了，我换个衣服，我是什么样的一个性格，你应该是清楚的，我就在那随时随地我就把衣服脱了。"

在上面的对话中，女方陈述的所有内容均为自己看到的事实部分，没有诋毁第三人，并且没有说任何自己想象中的情况，仅仅是如实描述，却让所有听到这段录音内容的人大为赞叹。网友表示，沟通逻辑如此清晰，表达干脆利落，这段谈话内容一针见血地显示出了孰是孰非。

在沟通讲述的时候，需要理性地描述事实，避免感情用事地说话，特别是在发现自己情绪不对的时候，更需要谨记这个沟通技巧，避免进入情绪化沟通的状态，互相伤害和互相消耗。

第三步，**"情绪失控，物理隔离"**。

当你发现自己或者对方正处于情绪失控的状态下，或者沟通过程中没有办法扭转糟糕的沟通状态，处于一种双方情绪或者一方情绪已经失控的状态中时，你需要的不是陈述事实，而是想办法进行"物理隔离"，简单来说就是走远点。

你要知道所有的沟通技巧都是在情绪稳定的前提下才能使用的，当有人进入了情绪失控，或者处于情绪化的状态中，就像你的房间突然闯入了一头大象，你要怎样跟大象说道理呢？你要做的是先离开有大象的房间，避免伤到自己，也避免伤到大象。

如果你经常跟一个人因为同一件事或者同一类型的事情发生争吵，除了检查是否是因为大家立场不同而引发了争议之外，你还需要调整每次的沟通技巧，也就是当争吵到什么程度需要有意识地提醒自己，情绪超过了事实，我们应该"物理隔离"。

当十分钟、半小时或者几个小时之后，双方情绪趋于平静，这个时候再次尝试沟通，会比双方处于情绪化状态下更加理性和有效率。

好了，让我们回顾一下，如何避免"感情用事地说话"？第一步，你需要"分辨情绪和事实"，哪些是自己情绪化的表述？哪些是对方情绪化的表述？第二步，你需要"只陈述事实"，不做内容的延展，只描述自己亲眼看到的事实、数据、动作等。第三步，"情绪失控，物理隔离"，当你发现双方中一方处于情绪化状态，甚至暴怒、极度悲伤、过于兴奋等多种情绪失常的状态下，你要知道这个时候的沟通和决定都是情绪化的产物，是具有极高风险的。你要做的是将双方暂时性分开，可以是十分钟、半小时或者几个小时，当双方情绪趋于稳定，再进行沟通。

07　只说自己的观点

只说自己的观点，不顾别人的想法。只阐述自己的观点，在生活中、职场上处处可见，我们还可以在很多小时候的故事里看到这种沟通的误区。这也是大多数人在沟通的时候，特别容易掉入的误区，讲述自己的观点当然能够让自己处于一种"自嗨"的状态，甚至越讲越开心，所以在古代就有"好为人师"这句话。

在宋朝，有一个地方的县令叫作钟弱翁，换成我们今天的说法，大概就是一个地方的县长或者县委书记。这个宋朝的县令钟弱翁特别喜欢写字，总是自认为自己的书法天下独一份，而且自我感觉良好，总是贬低别人的字。

但是吹捧他的人多，说实话的人少，大家心里都明白，只有钟弱翁沉溺于自己的字，到哪儿都想炫耀一番。这就是"好为人师"的故事由来，出自《宋人轶事汇编》。

但更为人所知的是孟子在《孟子·离娄上》的那句："人之患，在好为人师。"意思是好为人师者，说话不负责任，是最为人们所担心的人。

可见，从古代开始，好为人师的人就一直存在，说白了就是只顾自己说话，不顾他人怎么想。只顾自己的观点不顾他人会造成的最大问题是什么呢？是误解。

误解是沟通中的一道鸿沟，误解越多，两个人之间的鸿沟越宽，不仅把沟通双方隔离得越来越远，而且经常会导致被动吸收的一方如溺水般难受。因为表达者一直在输出，强迫对方吸收他的观点，严重情况下甚至会导致分道扬镳。

怎么解决"只顾自己的观点，不顾别人的想法"这个问题？以及如何避免掉入误区？你需要做到三点：换位思考、多询问、控制"你""我""他"的比例。

第一步，**换位思考**。

每一次沟通都是一次"舞台演绎"，你希望对面的人关注你，还是自顾自地玩手机？当然，你希望你并不是在唱"独角戏"，你希望对方双目注视着你，并且能够认同你所说的内容和观点。

换个角度，如果你是那个听众，你希望自己听到什么内容？当然是跟自己相关的，最好是自己最想听到的答案，比如，如何在自己能力范围内"先赚它一个亿"，你一听，这个话题我感兴趣呀！于是挺直了腰板儿竖起耳朵听对方在讲什么。

对讲述者也是如此，你需要讲对方真正关心、关注的内容，对方才愿意继续听下去。当你在开始讲述之前应该先问自己几个问题："听众最想知道什么信息？""我能够带给听众最有价值的东西是什么？""听众可能会需要什么信息？"

换个角度，你就会发现你需要重新设计自己的讲话内容和篇幅，只顾自己讲述的表达者一旦开始懂得换位思考，他对于自己讲述内容的把握就会变得更加精准，听众在听的过程中也更会被吸引。

第二步，**多询问**。

当你在讲述过程中，发现对方注意力涣散，甚至开始玩手机、打哈欠、目光呆滞，不要无视这些信号，这些信号就是告诉你："我现在不想听你讲话""你讲的话跟我有什么关系呢？"

如果你精心准备的内容并不被别人看好和接受，那么这种深深的挫败感会极度打击你的自信心，导致一个恶性循环。当你发现对方陷入迷离的状态，你只需要直接询问就可以打破这种恶性循环。

你可以问"你觉得怎么样？""我想听听你的看法"，对方即使一时回应不出来什么，也会把注意力重新转回到你身上。

询问的好处有很多，对方可能会带来不同视角的信息，也可能会提出更好的建议，不用担心对方会给你难堪，所有糟糕的预期在没有发生之前都只是一个人的假想敌。在《沟通的艺术》这本书里有个观点特别好，它说沟通中发生的冲突其实是有益的，冲突可以加深双方对沟通内容的认真程度，甚至丰富双方情感的深度。

所以，不管在询问之后，对方带来何种反馈，正面或者负面，都能在一定程度上帮助他对你的表达进行更好地吸收，既然如此，多询问简直就是一本万利的事情。

第三步，**控制"你""我""他"的比例**。

在讲述过程中控制"你""我""他"的比例，除非是演讲过程，在正常的沟通中，任何一个第三人称太多，都会让听众觉得你只是在讲故事，这件事跟自己的关系好像不大。当你在讲述过程中不断完善"你"和"我"，还有"他"的比例，对方会有一种"节奏感"。这种节奏感，是语言里的艺术美。我们在听声音的时候，如果是脚步声，你通常会听到乱七八糟的声音，但是如果这些脚步有节奏，121、112、221，并且能够形成韵律，声音就变成了音乐，如果音乐由各种乐器声组成，就变成了演奏会。

讲述内容也是一样，讲究比例、韵律、开阖，语言的美感不仅需要这样的比例，甚至在运用的时候，可以形成一些金句，让人们很爱听你说话。

举个例子，大家一定对"执子之手，与子偕老"耳熟能详，其实它的全文更美。

它出自《诗经·击鼓》，全文是：

> 击鼓其镗，踊跃用兵。土国城漕，我独南行。
>
> 从孙子仲，平陈与宋。不我以归，忧心有忡。
>
> 爰居爰处，爰丧其马。于以求之，于林之下。
>
> 死生契阔，与子成说。执子之手，与子偕老。
>
> 于嗟阔兮，不我活兮。于嗟洵兮，不我信兮。

意思大概是一名战士独自从军，跟随将军孙子仲，平定陈国和宋国，因为久久不能回家，忧心忡忡。一想起跟妻子之间生死不分离的誓言，想起临别时握住妻子的手，说着白头到老至死方休，就悲伤得声声叹息，感叹聚少离多天涯远，恨自己不能信守誓言把家还。

当你读整首诗的时候，"子"（"你"）和"我"的比例是不是会很舒服？在讲述过程中，并不一定要求五五分的比例，但是天平不可过分倾斜在一处，这样才能给听众一些空间。

总结一下，如何避免掉入"只说自己的观点，不顾别人想法"的误区？三步分别是：换位思考、多询问，以及控制"你""我""他"的比例。当你习惯性地运用这些小技巧，你的沟通质量就可以显著提升，甚至在沟通中捕获一些意外的信息。

05

说服的方法

01　说服的本质

说服的本质是什么？

简单点概括就是把自己的想法放进对方的大脑里。但这件事被列为世界上最难的事情之一，另一件最难的事情是把别人的钱放进自己的口袋里。

我们如何把自己的想法放进别人的脑袋里？很多人会说通过沟通，但是沟通本身是指语言交互传达的一种方式，而说服涵盖了成功将自己的想法植入别人大脑的意思，它不仅说的是沟通这个过程，还强调了沟通的结果。

你肯定知道孙悟空三打白骨精这个故事。孙悟空为什么不一次性打死白骨精而要三打白骨精？因为白骨精很狡猾，每次都化作农夫、老妇、妙龄女子，但是唐僧肉体凡胎，没有孙悟空的火眼金睛，他不管对方的内在是谁，只能看到羸弱的无辜百姓。

唐僧说："孽徒！不准杀害无辜！"

孙悟空说："师傅！她是妖怪！她是妖怪啊！"唐僧才不管那么多，转身念起了紧箍咒，那紧箍箍着孙悟空的头让他疼痛难忍，只好气不过一走了之。

你看，在孙悟空三打白骨精这个故事里面，每个人站在自己的角度都不算错。唐僧虽然当时是肉体凡胎，但是他更是十世金蝉子转世，他十生十世的修行都基于"普度众生"这个理念。所以，就连一只蝼蚁他都要放生，站在唐僧的角度，宁可放过不可错杀。

换个角度，孙悟空的目的是什么？他被压在五指山下五百年，好不容易跳出来却又被戴上了紧箍。他的目的就是陪这个和尚去西天取经，取完经摆脱紧箍咒，好回花果山去过他自由自在的日子。要是妖怪吃了和尚，他的计划就失败了，站在孙悟空的角度，宁可错杀不可放过。

两个人站在不同的角度，各执己见，自然说不到一块去。如果你是孙悟空，你会怎么说服唐僧，或者说服一个对立方呢？你要怎样把自己的想法放进对方的脑子里呢？

第一步，**找到核心痛点**。

你可以通过多说反问句的形式找出对方最关心的痛点，你可以问："你是不是最关心这件事的哪个方面？""你不是想要知道这个解决方案对你的好处和坏处？""你最想要的结果是什么样的？"当对方愿意跟你进行有关于他的痛点方面的交涉，你就能够找到对方最关心的事情，并且沿着这个事情的解决方案进行拓展。

核心痛点就是对方一直在强调的事情，在我们沟通之前，需要找到对方的核心痛点，即对方关心和关注的点。当你没有办法直接听到对方的需求时，你还可以通过询问的方式获取。一旦你得知了对方最在意什么，就需要讲跟这个痛点相关的信息，以此吸引对方的注意力。

第二步，**找到切入口**。

获知痛点，知道对方最关心什么后，接下来就是找到话题的切入口。在三打白骨精的故事中，孙悟空如果总是说"师傅她是妖怪变的"，唐僧看着如花似玉的邻家小妹，怎么也不能跟妖怪联系起来，于是这个切入口完全不能够打动唐僧。

但是换个角度，孙悟空如果这么说："师傅您看，你是希望不要滥杀无辜，我也希望不要满手鲜血，但是你想想，万一她要真是妖怪变的，我不杀了她，天下还将有成千上万的百姓遭妖怪祸害，到时候我们早已远去西天，谁去护这一方百姓的平安？"

唐僧一想："猴子说得有点道理。"

孙悟空马上接着说："师傅你看这样行不行，我一离开，妖怪必然伺机带走你，我变成一只蚂蚁藏在你手心里，一来引妖怪现形，二来随身保护你，若她真像你所说，并非妖怪，我定不伤她，如何？"

唐僧一听，大喊一句："悟空说得妙啊！就这么办！"于是电光火石之间，妖精现形，悟空杀之。

你看，孙悟空要是用我们所学的沟通技巧来劝师傅，是不是这一路上会少很多打打杀杀？当然了，这是虚拟的对话及故事。如果把这个技巧放在日常生活中，找到切入口其实就是找到对方的需求点、痛点之后，沿着对方的思路解决问题。

第三步，**完整灌输思想**。

说服的本质是把思想放进别人的脑袋，那在前面两个步骤做完，当对方已经慢慢接受你讲述的内容，建立起信任之后，你就需要讲述：你为什么要这样做，你要怎么做，做了会有什么结果。这些都需要站在对方的立场告诉他。

在这里你可能会产生疑惑，那就是为什么之前明明做不到，经过上述两个步骤之后，就可以把自己的思想阐述出来了呢？

答案就是："攻破心理防线。"

你想想看，我们为什么会拒绝一个陌生人的推销？因为不信任。因为不信任对方，所以拒绝接受对方的一切说法、想法、做法。人和人之间有一座城墙，城墙高耸入云，铜墙铁壁坚不可摧，你站在城墙之下硬闯硬撞，头破血流也进不去。

但是每道城墙都有城门。抓住对方的痛点、关注点，找到对方愿意建立信任的切入口，就像是对方慢慢把城门的钥匙交到你手中，如果你能够把握时机，就可以在叙述过程中轻易突破对方心理防线，改变对立的关系，达到说服对方的目的。

说服的本质是把自己的想法放进别人的脑袋，说服的过程可以简化成找到核心痛点、找到切入口，以及完整灌输思想。当你想要说服一个人的时候，反复琢磨这些技巧，试试看自己能不能突破对方的心理防线，让对方从对立转变为服从。

02　说服的逻辑

在工作中，你有没有遇到过这种情况，某个陌生人在你面前高谈阔论了一番，你觉得自己被他说服了，连连点头称赞。在生活中，你吃着外卖看《奇葩说》，有个辩手说到一个观点的时候，例如，傅首尔说："男人有些话是可以做到的，比如他跟我说'我这辈子都不可能有钱'，他真的做到了！"你听了一拍大腿，说："说得对呀！"

你觉得你是被说服的，但是，我要告诉你一个观点，其实你没有被说服，只是过去的某个经验被其他人突然点醒，仅此而已。

你，只是说服了你自己去相信对方。

反过来，提高说服的逻辑，其实是说要做到让别人愿意说服自己相信你所说的内容。这是说服的底层逻辑，一旦理解了这个底层逻辑，我们就知道需要输出什么样的逻辑内容——对方意识到了但是还没有被点醒的内容。

我们认同的是本来就有的经验和想法，只不过被对方具象化地说出来了而已。

基于以上的底层逻辑，其实说服有三种常用的逻辑。

第一种，**说出共同点**。

说出共同点，是指在讲述过程中，需要讲到对方认可的价值观、观点，以及可信的案例和数据。当你对对方有所了解的时候，可以把内容的指向性范围缩小，但是当你对对方不够了解的时候，需要把一些普世的价值观明确地说出来。

什么是普世价值观，就是普遍适用的价值观。它超越民族、种族、国界和信仰，是全人类共同拥有的价值观，是衡量是非善恶的最低尺度，或者说是人类道德的共同底线。具体地说，普世价值观由三个基本要件组成：公平、正义、自由。并且，普世价值观是已经存在的，不具有广泛争议的公共秩序以及风俗习惯。

最经典的案例之一就是马丁·路德·金的著名演讲《我有一个梦想》。公平、正义、自由都涵盖其中。所以在演讲的时候，面对所有的大众，它的影响力之深、影响时间之久，超过了预期。

在我们说服一个人的时候，应该先问问自己，对方会认可什么样的价值观？对什么样的事情抱有极高的认可度？如果你能回答得越详细，了解得越深入，越能够获得良好的回应。如果对方在年幼的时候遭遇父母离异，或者家庭暴力，你可以从反对家庭暴力的故事开始讲起，讲自己小时候被欺负的案例，最终讲到公平和正义，用小切口切入，讲双方共同拥有和认可的价值观，能够拉近彼此的距离，帮你说服对方。

第二种，**满足需求**。

需求被满足，是指在说服过程中，你需要从满足对方需求的角度出发，带给别人想要的答案。

在孙俪主演的电视剧《安家》里面有这么一段：一对夫妻，都是博士出身，看了大半年的房子，却一直没有想要的。但是，房似锦（孙俪饰）却成功把一套户型极差的T字房卖给了这一对夫妻。她是怎么做到的？

房似锦说："客厅虽然不大，但是阳光充足，我放了一个学习桌，您做饭的时候可以照看孩子学习。"这是第一次满足需求。

紧接着她说："你看这儿，我放了一个子母床，还有婴儿床，生产之后婆婆和你住这里，方便照顾你。"大姐说："你想得真周到。"这是第二次满足需求。

一个像跑道一样特别长的过道，房似锦放上了博士儿子的画，需求第三次被满足。

一个没有窗户的阁楼变成了丈夫的书房，需求第四次被满足。

她一而再再而三地满足了客户的需求，最终客户被说服成交。

很多时候，说服就是一次次满足对方的需求。如果满足了一个需求，解决了一个痛点，并不足以解决问题，那么就多次满足需要，只有这样对方才会慢慢地被你说服。每次开始说服前都可以问问自己："听众有什么样的需求需要被满足？"也可以列一个重要程度的排序表，满足得越多，说服成功的可能性越高。

第三种，**情绪释放**。

情绪释放，是指说服过程中让听众释放出某种情绪，让对方感到情绪舒畅。说服的目的各有不同，但是底层逻辑大同小异。

当今社会，每天都充斥着大量的信息，有的人早上起来微信、微博、抖音各种app先看一遍，开始工作后，还没有做多久就觉得疲惫了。为什么？其实，大多数的累不是身体扛不住了，而是情绪性疲惫。一天24小时都可能被亮起的微信消息小红点，这种不定时的"小炸弹"占用着你的精力，就相当于你从睁开眼到闭上眼，一直被信息充满，注意力被迫调动。90年代，天一黑，该下班就下班了，回家之后做饭、吃饭、散步、休息，人的情绪是放松的。而如今，人的情绪一直处于"被迫营业"状态，忙完工作还要跟各种朋友线上聊天，这种随时会被呼唤的状态让所有人都随时随地想看手机，情绪持续被消耗。

你要说服对方，要让对方能够在你这里感受到情绪压力被释放的爽快感。

如果别人说话能让你觉得很爽，那么，你不仅能被说服，甚至还想给他鼓掌，希望他能多说几句。反之，你有什么能够让对方听了觉得很爽的事情呢？

当然有了，说说你的"英雄故事"或者"落魄往事"。前者让人感慨你的勇敢和正义，后者则凸显了对方的优越感，情不自禁起自己的幸运和聪明。再不济，就搜集一些金句、段子、网络梗，需要的时候随时加进去。

总结一下，有三种常见的说服的逻辑：说出共同点、满足需求，以及情绪释放。话说得让对方爽快，你就成功了一大半，满足了这些底层逻辑，你的说服能力定会水涨船高。

03　真诚地说服

真诚是最高级的情商，也是在表达过程中，最容易又最难做到的一点。为什么说容易呢？因为真诚说白了就是说实话，说自己真正相信的东西，这还不简单吗？但是我们在说的过程中，往往有很多目的、顾虑、担心，从而做不到坦诚沟通，这也是为什么真诚是最难做到的一点。

有人在《奇葩说》中曾经说过："极度的坦诚就是无坚不摧。"你把一颗真心剖出来给对方看，对方即使老奸巨猾也难以抵挡一颗赤忱火热的真心。所以你会看到很多人推销东西时，并没有什么技巧，甚至他看起来傻傻的，但是你就是会买下来。当别人问你为什么会买，你也说不上来，你可能会说东西不错，但是最重要的是你在销售员的身上和眼里，看到了信任的种子，这个种子还有一个名字就叫作"真诚"。

真诚是什么意思？是真心实意，坦诚相待，以从心底感动他人而最终获得他人的信任。

我们再仔细读一遍这句话，真诚的目的是什么？是信任。这种信任带来的安全感，让我们在沟通过程中保证信息能有效地传达。所以真诚地说服，是指在沟通过程中，营造沟通中的安全感，当我们在沟通中感受到威胁、目的性、指向性时，这种不安全感和压力会导致我们本能地想要抵抗和自我保护，这样的潜意识所表现出来的，就是抗拒接受对方传达的信息。

当你不想听一个人说话，有可能并不是因为对方说的内容有多糟糕，而是因为你在这段对话中感受到了"不安全"，所以对对方的信任程度随之降低。

如何做到"真诚地说服"？你可以试试以下三个小技巧。

第一个技巧：**只说真心实意的想法**。

说真心实意的想法其实就是讲自己相信的东西，那些真实的、被我们自己认可的、看到的、确信的想法或者事情。有的人或许会说，我有很多不可告人的或者我并不希望对方知道太多的想法，该怎么办？

很简单，有选择性地说。

在电影《误杀》里面，一个六岁的小女孩骗过了经验丰富的刑警，她是怎么做的？答案就是"有选择性地说"。小女孩的爸爸为了伪造家人的不在场证明，在事故发生之后运用蒙太奇的手法，重新带着家人过了一天，并且在各个地方都给路人留下了印象。路人的记忆被重新编辑，帮助他们一家制造了不在场证明。

小女孩说的全是实话，但只有一点容易露出破绽，那就是时间。

当我们在跟对方沟通的时候，真诚并不是要求你把自己知道的事情毫无保留地全盘托出，你可以选择性地说自己认可的、真实的部分。一个人说自己认可的、真实的部分想法，既可以保持自己的真诚，也可以避免自己那些不必要的担忧。

第二个技巧：**适当地进行自我袒露**。

什么叫作自我袒露？说白了就是说一些别人不知道的事情，甚至是不会轻易公开的事情。比如，客户刚分手，心情特别不好，你在推销商品的过程中发现了这一点，就可以适当地进行"自我袒露"，聊一些私密话题，如自己也有过类似的经历，分手的时候遇到了什么痛心的事情等。

适当地自我袒露有个好处，那就是往往能够引起对方同等程度的自我袒露。也就是你说得越多，他也会说得越多，你说你们家8个孩子，他很可能会说是吗？我们家10个。

自我袒露能够拉近了彼此的距离，看似拥有了彼此独有的"秘密"，事实上，你只是在说一个你认为可以向对方透露的隐私。

要注意的是，自我袒露并不是炫耀，而是拿出自己不为人所知的，甚至糟糕的人生经历，引起对方的共鸣和共情，以此来增加彼此的信任。你千万不要觉得只要是"别人不知道的事情"就行，于是告诉对方"我家有一个亿""我家有三万头羊"，对方一听，不仅不会觉得你很真诚，反倒会觉得"这个人平时不显山露水，竟然悄悄告诉我他很有钱，他不向外人炫富，偏偏只对我一个人炫富，他指定对我另有所图！"

自嘲式的自我袒露换来了信任，自夸式的自我袒露却换来了敌意。你要知道人们都喜欢优越感，喜欢感受到"你比我惨"，并不喜欢感受到"我比别人惨"。

第三个技巧：**运用善意的身体语言。**

真诚地说服，需要说自己真心实意的想法，以及需要在适当的时候进行自我袒露，但是更需要拥有一些善意的身体语言。我们的身体其实比语言更诚实，当你急不可耐地想要逃离的时候，身体语言会给对方传达你内心真实的想法和信息，你会不经意地皱眉，脚尖朝向出口的方向，以及下意识地双手交叉抱在胸前。这些动作传递的信息比语言更快、更直接、更真实。

善意的身体语言是认真倾听的神态，比如，身体向着讲述者的方向稍微前倾、点头表示认可、嘴角上扬，以及眼神大部分时间都聚焦于对方脸上等。

当对方是熟人或者同性时，握手、击掌、轻拍肩膀等身体上的简单触碰可以增加亲密感和信任度。但要注意的是，如果是陌生异性，不建议进行身体接触，以免对方误会。

在法国等欧美国家，有一种礼仪叫作"贴面礼"，脸贴脸然后在耳边发出轻声亲吻的声音，注意不是嘴对嘴，只是脸贴脸。这种贴面礼一般由女士发起，如果对方没有主动进行贴面礼的倾向，就意味着可以用握手或者点头示意代替贴面礼。

贴面礼也常见于男性和男性之间，是家人、朋友、团体之间均适用的社交礼仪，对于贴几下，从右还是从左，每个国家会有略微的区别。

中西方文化的差异，自古以来就很大，西方有贴面礼，东方则是作揖，但其本质是对于边界感的尺度不同。西方会通过贴面、拥抱等肢体语言传递信任彼此的信息，拉近关系。但是在中国，我们古代讲究的是"身体发肤，受之父母，不敢毁伤"，对于身体之间的触碰，边界感是很强的，所以古时候朝臣之间的拜见，百姓之间过年打招呼，又或者江湖义士之间称兄道弟都会采用"作揖""鞠躬"等方式。

人和人之间需要进行善意的肢体语言交流，也需要根据地点和时间作出相应的调整，简单来说就是礼仪方面应入乡随俗。

总的来说，想要做到真诚地说服，你可以通过这三个小技巧让对方感受到你的真诚：第一个技巧是只说真心实意的想法；第二个技巧是适当地进行自我袒露；第三个技巧是运用善意的身体语言。当你将这些技巧融会贯通之后，每次沟通起来都会让别人觉得你是一个"真诚"的人，当然最重要的是你是真的真心实意为对方着想，在这个基础上，即使你的沟通技巧并不娴熟，对方也可以感受到你对他火热的真心。

04　说服的方法

说服的方法有很多，但是大抵可以分成两个类型：正向说服和逆向说服。正向说服是利用人们的希望，逆向说服是利用人们的恐惧。

在生活里，这样的案例比比皆是，老板说服你完成一项高难度的工作，他可能会说如果你完成了，明年可以升职加薪，今年的年终奖比去年翻倍。这是利用了员工的希望心理，属于正向说服。

当你在医院，看到家人因病住院，保险公司给你推销保险的成功率就会高很多。保险推销员说：癌症已经是最常见的致死疾病，不仅如此，全国每年有54万人死于心源性猝死，意外来得太突然了，你要不要买一份保险？这个时候，你看到医院里奄奄一息的病人，想到自己每天加班、熬夜、不吃早饭，自己上有老下有小，一旦发生意外，家庭将彻底被压垮，恐惧心理占据了大脑，于是狠下心买了一份巨额保险。依靠恐惧心理进行说服，属于逆向说服。

正向说服的方法归纳为一幅画就是：皇帝穿上新衣，左手一片绿叶，右手一把金币。

皇帝的新衣的故事大家都知道：两个骗子哄骗皇上穿上透明的衣服逛街，被一个小孩揭穿。当然，举这个例子只是为了方便大家牢牢记住正向说服的方法——修饰言辞。

修饰言辞有多重要呢？《论语》中有一个小故事，有一天，卫国大夫棘子成问孔子的学生子贡说："君子只要有好的本质就够了，为什么还要注意自己的语言呢？"

子贡说："您这样说是不对的。俗话说：一言既出，驷马难追。我们说话的时候应该特别注意。就像虎豹的皮和犬羊的皮，它们的区别既在于本质，也在于花纹，如果把这两类兽皮上的毛拔去，那么两者看起来就差不多了。"

当我们为讲述的内容"穿上华丽的新衣"，对方听起来不仅更容易接受，而且更愿意付出行动。为了给对方穿上"皇帝的新衣"，你可以在每次沟通完之后加上一些话，比如"这件事只有你可以帮我做到，拜托了""这件事对我来说很重要，除了你我没有告诉别人"。

在我们进行语句修饰的时候，强调对方是重要的人，强调事情的正义感、使命感，甚至在字里行间展示自己过人的语言词汇量都可以帮你的表达穿上新衣。

一片绿叶，是指甘当绿叶的示弱。

正向说服并不只有强势的一面，更多的时候需要懂得示弱。如果你走在大街上，一个壮汉大喊"抓贼啊，快帮我抓贼！"你可能看一眼然后就不理了。但如果是一个娇弱的小姑娘对你说"哥哥，帮我抓贼吧！"你可能立马就心软了，拿出十二分的力气狂奔抓贼，当一回英雄好汉。

为什么人们更愿意帮助弱者而非强者？因为帮助弱者可以满足你的优越感，你可以选择帮或者不帮，你拥有了更多的选择权，在相对自己来说更弱的人面前，你会拥有更多的安全感。

但是面对强者，你的选择权被剥夺了，骄傲也被剥夺了，这种随时会被淘汰的不安全感使你紧张和不舒服，所以帮助弱者变强比帮助强者变强更容易让人接受。

示弱，并不是真的弱。向别人请求帮助的时候，适当地示弱可以激发对方的斗志和保护欲，并且使对方更愿意伸出援手。当我们看见一群小孩儿打架，会本能地偏向最弱小的、年纪最小的孩子；当我们看到有人乞讨，看起来越惨的人越容易激发同情心。

一把金币，是指因势利导。

天下熙熙皆为利来，天下攘攘皆为利往。如果想要成功说服别人，最好的方法莫过于因势利导，你把真实的好处和坏处一一列举，把对方的利益放在第一位，对方当然愿意跟着你进行下去。

一把金币不只是金币，每个人的价值尺度都不一样，有的人想要钱，你就告诉他这么做能够挣多少钱；有的人想要名，你就告诉他这么做能带来多少人气和荣誉；有的人想要阖家欢乐，你就告诉他家人的期许和对未来的憧憬。

一把金币是基于对对方了解得足够深入，准确把握对方目的和性情，从而采取因势利导的说服策略。

归纳起来，正向说服的方法就是皇帝穿上了新衣，左手一片绿叶，右手一把金币。当你想要正向说服一个人，就想想这个画面。除了正向说服，我们经常使用的还有逆向说服。

逆向说服的方法归纳为一幅画就是：一个黑洞。

对于未知的恐惧和基于已知推理出来的恐惧，足够让一个人陷入被情绪驱使的境地。想想我们是不是有很多因为害怕而不敢做的事情，比如，总是想起有人溺亡的新闻，所以不敢学游戏；因为害怕引火烧身，所以不敢靠近火苗。

有没有什么是因为恐惧才去做的事情呢？有的，而且每一个人都经历过。

小的时候，孩子们很早就开始上各种补习班，因为一句"不要让孩子输在起跑线上"，父母拼尽全力买学区房，请最贵的培训老师。是希望孩子成为钢琴家、数学家吗？不一定，更多的压力来自"其他孩子都在上"，很多父母不一定希望自己孩子是世界上绝顶聪明的，但都害怕一个事实，那就是"我的孩子是最差的"。

高中的时候，考得好不一定很高兴，但是考得特别差，我们会担心父母的指责、老师的责怪，还会产生对未来的焦虑。于是我们发奋图强，特别努力地做题和上课。

工作结束后，到了下班时间，老板不走全公司就算闲着也不敢走，员工们只能一边上网痛斥加班文化，一边咬着牙每天起早贪黑，因为恐惧裸辞后没有收入，就算工作再难也得硬撑着做完。

希望和恐惧，就像是DNA的双螺旋结构，互相交织，组成了我们的生命。如果正向说服不管用，那么逆向说服就有理由披甲上阵；如果你知道一个人害怕什么，你就知道怎么利用恐惧心理，成功说服对方。

但是逆向说服并不等于威胁，需要谨慎使用"如果你不这样做，你将会受到惩罚""如果你不……那我就……""你害怕那个结果吗？"等句子。

逆向说服是描述客观事实，让对方自己推理出想象中的恐惧。比如，我们看到黑洞的照片，照片上我们只能看到在宇宙中有一个洞，黑洞附近的物质被吸引，但是吸引去了何处，无人知晓，这样就会使我们产生想象中的恐惧。

06

第六章

逻辑表达实战

01　明确论旨

本章讲的是实战篇，关于如何有逻辑地说话。

有逻辑地说话本身就是一种无坚不摧的力量。斯大林在评价列宁的演讲时，说道："我佩服的是列宁演讲中那种不可战胜的逻辑力量，这种逻辑力量虽然有些枯燥，但是能紧紧地抓住听众，一步一步地感动听众，然后把听众俘虏得一个不剩。我记得当时有很多代表说，列宁演讲的逻辑好像万能的触角，用钳子从各方面把你钳住，使你无法脱身，你不是投降，就是完全失败。"

你是否曾为某个陌生人的话语而热血沸腾？那打动你的，就是逻辑的魅力。逻辑的魅力在于它让你说出来的话得到了质的飞跃，能获得听众的高度认可。除了工作上需要有逻辑地说话，生活上，说话充满逻辑有时候还可以让你收获一份爱情。

很久之前，在普林斯顿大学，一个男孩特别喜欢一个女孩，他想表白，但是，他很害羞，也害怕自己因为一次错误的尝试而错过这个女孩，他左思右想，想知道该怎么说才可以让女孩对他的第一印象特别深刻。

一天，他终于想到了自己认为最可行的办法，于是，他就鼓起勇气，走向了那个青涩的女孩儿。

他说："你好，我在这张字条上写了一句关于你的话，如果你觉得我写的是事实的话，那就麻烦你送我一张你的照片好吗？"

女孩看了看他，她想：无论他写什么，只要自己都说不是事实，这样不就可以了吗？于是，女孩欣然答应了男孩的请求。

男孩当然想到了这点，于是立马说："如果我说的不是事实，你千万不要把照片送给我！"

女孩想了想说："好。"

男孩认真地写下了一行字，递给了女孩。女孩看完，却皱起了眉头，因为，她拒绝不了这句话，左思右想，最后还是把自己的照片送给了男孩。

男孩写了什么呢？只有一句话："你不会吻我，也不想把你的照片送给我。"

这个男孩叫罗纳德·斯穆里安，是美国著名的逻辑学家，而那个女孩，最终成为罗纳德·斯穆里安的妻子。

在工作和生活中都需要学会有逻辑地说话，在学习如何掌握这门艺术的时候，首先要做的就是明确论旨。

明确论旨是指明确论题的主旨。在开始讲话之前，想想自己想要表达的论证主题是什么，主旨是什么，核心观点是什么。明确论旨之后，再列举出可以作为依据的论据，增强自己的说服力。

论旨可以包含多个论点，而论点需要论据佐证。

比如：

论旨是："我是个富有的人。"

论点1："我是个精神富有的人。"

论点2："我是个经济富有的人。"

论点3："我是个感情富有的人。"

加上论据：

论点1："我是个精神富有的人。"

论据：因为我每年读200本书，写100多篇书稿，所以我是个精神富有的人。

论点2："我是个经济富有的人。"

论据：因为我在全国多个城市有地产，我的账户上有1000万元现金，所以我是个经济富有的人。

论点3："我是个感情富有的人。"

论据：因为我被父母爱着，被爱人爱着，被孩子爱着，被朋友爱护着，所以我是感情富有的人。

当想要反驳一个人的论点或者论旨，可以从论据的真实性以及论证过程找突破口，分析对方的论点、论据，以及论证过程。

对方说：

论点：买学区房可以提升孩子成绩。

论据：孟母三迁，孟母为了孩子的教育三次搬家，只为了给孩子最好的学习环境。

论述过程：学区房越来越贵是有原因的，古代开始就有孟母三迁的故事，现代有不少虎妈为了孩子上学方便，举全家之力买学区房，所以买学区房可以提升孩子成绩。

分析对方论据和论述过程，孟母三迁这个故事大家都听过一些，但是故事其实是这么说的：

"孟母是孟子的母亲，孟子从小是个调皮捣蛋的孩子，他的母亲为了教育他，花费了不少心思。

"第一次搬家，家附近有个坟地，每次有人上坟，敲锣打鼓、哭号吹丧。孟子年幼爱模仿，每次有人来上坟，他就学着披麻戴孝混迹其中，假模假样地模仿，还经常模仿大人建筑坟墓、模仿大人哭拜，孟母一看心想这不行，于是搬家。

"第二次搬家，搬到了集市旁边，集市上，叫卖的、采买的人络绎不绝。孟子和邻居小伙伴们经常偷偷溜达到集市上，模仿别人做生意，甚至跑到肉铺学习杀猪，孟母一看，这也不行，于是又搬家。

"第三次搬家，孟母找了个'学区房'，也就是学堂旁边，并把孟子送入学堂拜师读书。上学有老师，在家有孟母，调皮捣蛋的孟子终于安分了一点。

故事到这其实还没有结束，送进学堂后，远离了坟头和闹市，但是活泼爱动的孟子终归还是闹腾，还是不好好读书。

"有一天，孟子很早就从学堂逃学回家，孟母正在织布，看到后很生气，问他：'你读书是为什么？'孟子说：'为了自己。'孟母拿起剪刀剪断织布机上的布，说：'你荒废学业，就像我亲手剪断这织布机上的布，终不成器。'孟子一看，母亲如此决绝，也害怕自己一生碌碌无为，遂落定心神，努力念书，最终成长为一代'亚圣'，桃李满天下，留下许多智慧语录，流传千古。"

这个最后的故事叫作"孟母断机"，记录在西汉刘向的《古列女传·母仪·邹孟轲母》里面。所以，并不是孟母买了学区房孩子的成绩就提升了，孟子当时还是逃学、逃课，成绩不好，论据有误。很多家长都拿这个故事当作买学区房的励志典范，期盼着买了学区房，跟孟母一样带着孩子换房子搬家就可以给孩子多一点"可能性"，但是这种逻辑推论是不成立的，学区房和好成绩的相关性在逻辑推理上并不成立。

但是，这样的心理被很多投资客看到，炒高了大部分学区房的房价。在中国，父母为孩子付出的可能是世界上最多的。终其一生，他们向上供养父母颐养天年，向下哺育后代成名成才。大部分的中国人都不是仅仅为自己而活，而是为了上上下下几代人而活。那种尊老爱幼的传统美德流淌在每一滴血液里，那种刻在骨子里的为中华之崛起而读书的信仰，催生了每个人的精神力量。

02 说出普遍事实

很早之前，听樊登讲过一个关于说话的说法，说："讲一句话之前问自己三个问题：第一，我说的这句话是真的还是假的，有没有事实依据？如果是真的，再问第二个问题，我说这句话会起到什么作用和效果？如果你觉得可以起到正面效用，再问第三个问题，我说这句话是出自善意，还是说只是为了显示自己的独特见解？三个问题问完，觉得自己的话是真的、有用的、善意的，再把这句话说出来。

这三个问题里面，最重要、最基础的是"说出有事实依据的真话"，也就是说出普遍事实。

在前面"失误的类型"这个篇章里面我们提到了一个误区，叫作"不正确的事实"。有很多人在讲话过程中喜欢拿"意见"当作"论据"，混淆"意见"和"论据"的概念，把不正确的事实当作逻辑推理的依据。

比如，催婚的时候，家长说："30岁前不结婚，婚姻就会不幸福。"这就不是事实，婚姻幸福度和年龄有一定的正比例或者反比例关系吗？目前为止，没有科学依据。

说出普遍事实，还有一个重要的原因，那就是大多数人普遍认为的事实可能并不是事实。历史学家将事实分为特殊事实和普遍事实。什么意思呢？就是真正的事实和大家认为的事实是有差距的，是有落差的。

比如，看新闻报道，每个记者看到的角度不一样，对同一件事写出来的内容也不一定相同。可以说新闻事实是被记者选择过的，以一定的方式加工整理出来的事实。从一定的角度来讲，它偏离了原本事实的自然状态，带有记者自身的价值传播尺度。

比如："持枪是违法的。"

在中国，这句话适用，并且是普遍事实。

在美国，这句话并不适用，也不是普遍事实。

这句话是不是真话，要看你依据的是哪个国家的法律条文，所以真实的依据是普遍事实的有力佐证。在有逻辑的说话过程中，不要脱离真实的依据，以及大众的普遍事实认知。

要说大众认可的普遍事实。比如，天空是蓝色的，你却说天空是黑色的，这就跟大众接受的普遍事实相违背。你的论据是宇宙是黑色的，但是需要花很大的力气去解释，为什么天空是黑色的，以及天空又如何变成了蓝色。如果这件事情跟你表达的主题关联性不大，那么说出普遍事实即可。

要知道，每个人都活在自己的偏见里。

在表达的时候，不要站在普遍事实的对立面去进行演绎，除非你是个科学家，就某个新发现的领域做深度的推演。不然，推翻所有人统一的"偏见"是一件几乎不可能在短时间内完成的事情。

《奇葩说》里面，得到观众最大反应、最多应援、最受传播和欢迎的都是"普遍事实"。辩手们唯一做的就是把"普遍事实"精炼化，用怪诞、好记的词组丰富"普遍事实"。

董婧说："婚礼真的不是个句号，而是一个巨大的问号，不到最后一秒你永远不知道会发生什么。"

这句话难道不是"普遍事实"吗？而且这个普遍事实你从小就听过，叫作"不知道明天和意外哪一个先来"。

马东说："随着时间的流逝，我们终究会原谅那些曾经伤害过我们的人。"

蔡康永说："那不是原谅，那是算了。"

普遍事实是全球70亿人，在人海里遇到一个伤害过你的前任是很难的，而且找到了能怎么办呢？打他？揍他？送去监狱？要能打得过早打了。事实就是打不过，骂不过，爱不过，那结果不就是算了，我们在课本里从来就没有学习过被爱人伤害之后怎么反击回去，因为爱本身就没有标准和道理以供参考。

马东和蔡康永说的都是一个事实，那就是"没有结果的爱"，有结果的爱最后都变成了婚姻，没有结果的爱，从来就没有答案和结局，这就是普遍事实。

说出普遍事实最大的好处是能被多数人认同。在选择辩题的时候，辩手都会优先选择大多数人普遍认可的事实，在还没有开始时，一个看似"正确"的辩题，其实就已经赢了一半了。

为此，《奇葩说》第一季决赛中马薇薇说过一段大家不愿意承认的普遍事实，她说："打辩论的人都应该知道，比较难的那个持方是比较不符合社会主流价值观的那个持方。但是它存在的意义，不是在搅局，不是在撒泼，而是在于让你知道，这个社会的少数派，这个社会的异见者，他有他的不得已，而交锋带来多元。"

说出普遍事实，其实是说出了大多数人认可的那份"偏见"。这样的"偏见"并不一定就是非常科学的事实，但是一定是大多数人都认可的道理，如平等、自由、博爱。我们明明清楚地知道，不可能做到人人博爱，就算是父母生了子女，手心手背都是肉，也没有办法做到公平地博爱，总有偏爱的一方，但是面对大众进行宣讲的过程中，不能说倡导大家偏爱自己的孩子，因为追求博爱本身就是永恒的"普遍事实"。

在有逻辑的说话过程中，除了说出普遍事实外，还要注意说出的普遍事实不要出错。下面一节的内容，或许能帮你更深刻地理解这句话。

03　不要出错

什么是错误的逻辑性表达呢？

讲个自己真实的经历，有一次，我参加了一个活动，同行的还有几个朋友。那是一个大型销售活动现场，主讲人说得特别深情，说自己在别人的歧视和抛弃中长大，爸妈不要自己，只有姥姥姥爷抚养自己，最后在自己的努力下实现了买车买房，年入千万，走上了人生巅峰，豪车无数，众星捧月，有多少明星朋友……

在故事的结尾，主讲人劝说台下的听众只要上他的演讲课，就可以年入百万，最后开始大声吆喝卖课。

上几节课就可以年入百万，从逻辑上来讲就不可能，大家都是经历了九年义务教育的，上了那么多课，财富差距却天差地别，怎么可能凭借几堂课收入翻几十倍呢？但是活动现场有不少人擦鼻涕、擦眼泪，包括跟我一起去的几个朋友，也哭了。

我特别惊讶，朋友们也都是干过十多年销售的，属于"千年的老狐狸"。我不理解，就说："为什么？这一看就是假的呀！"其中一个朋友说："我不知道她说得是真是假，但是我觉得有一部分是真的，我在她讲的时候想到了自己小时候，我小时候家里没有钱，连洗衣粉都觉得特别珍贵。我那个时候最高兴的事情就是在河边偷偷用洗衣粉洗脸，洗完觉得脸特别干净。"

他说这句话的时候，引起了其他两个人的认同。根本没有办法想象这是一个年收入超百万的人干出来的事。他因为自己童年的经历去相信一个骗他的人，甚至愿意为了拥有共同经历的人掏出巨款买课。

这是一个反面教材，这个案例想要表达的只有一句话，叫作"逻辑错误，共情却对"。主讲人的故事只存在很脆弱的逻辑问题，一敲就碎，比如，上了课就可以年入百万吗？从小贫苦就是成功人生的必经之路吗？成功是可以复制的吗？

答案都是否定的。

那么，逻辑错得很明显，听众却依然会相信，为什么？答案就是不受控制的共情。

共情是由共同经历引发的共同认知，指的是一种能设身处地体验他人处境，从而达到感受和理解他人情感的能力。这种能力能够帮助我们更好获取情感链接，但是在我们接受一段信息的时候也会左右我们的理智判断。

这也是我们在表达中最容易出现的误区：强调感性而非理性。

在我们从小到大的境遇中，老师会说："听爸妈的话，爸妈为你付出太多了。"爸妈会说："听老师的话，老师都是对你好。"这些耳熟能详的话其实都是从感性的角度出发，建立情感的共鸣。

但是我们长大了，这样的表达用在同事身上，就不管用了。

老板说："你作为员工，你要听话，我都是为了你好！"

员工和员工之间沟通，老李对小王说："小王啊，老板为你付出太多了，你要听安排。"

你作为员工会怎么想？"可快别说了，不如加点钱来得实在。"你长大了，用道德绑架和情感约束已经不能够忽悠你了，理性地表达才能够说服你。

同理，自己在进行逻辑性表达的时候，应该养成不出错的理性逻辑讲话习惯。有逻辑地说话，需要避开论点错误、论据错误、逻辑错误，不要出错，才能够让自己的论点论据站得住脚。

在日常工作或者生活场景的表达中，避免出现"逻辑错误，共情却对"的情况，罗列准确的数据和案例，讲真实的事实，是保证我们推论正确的基础。在进行逻辑表达的时候，演绎逻辑、归纳逻辑、三段论、二难推论等多种逻辑结构都要以真实的论点、论据作为推理成功的基础。

04　区别意见和论证

普罗泰戈拉说："人是万物的尺度。"

但意见和论证经常被混淆。

意见是指人们对事物产生的看法或想法。柏拉图把意见分为两部分：一部分是关于实际事物的常识，另一部分是模仿实际事物的想象，如绘画、雕刻、音乐等艺术。

论证是指阐述自己观点后，对其加以证明，使自己的观点有了证明。

从定义上不难看出，意见含有想象的部分，属于主观情绪，而论证偏向客观事实。

在上一节我们说到逻辑表达中不要出错，需要保证论据的真实性。

但是人经常陷入一个误区，那就是以自己为标准，以自己的认知和经历为标准，这也叫作"知识的诅咒"。

"知识的诅咒"是指我们一旦知道了某事，就无法想象这件事在未知者眼中的样子。当我们解释某个事情，或者甚至介绍某个东西的时候，因为彼此经历不同，认知不同，得到的信息不对等，所以很难把自己了解的信息完完全全给对方解释清楚。这就是我们的知识"诅咒"了我们。

举个例子：

一个甘肃人和一个江苏人坐在一起聊"山"这个话题。

江苏人说："山我知道，山是郁郁葱葱，流水潺潺，是绿色竹林一片片，清风一阵阵。坐在山里感受到的是凉爽和鸟语花香，是心旷神怡啊！"

这时候甘肃人坐不住了，甘肃人说："山？山是光秃秃的，是炎热的土黄色，是走在上面暴风一阵一阵，满嘴的黄沙。"

一个甘肃人画出的自己见过的山，和一个江苏人画出的山，根本不会是同一座山，而会是截然相反的两个样子。

是谁错了呢？江苏人和甘肃人都没错，他们都只是把自己印象中的山表达出来了。同一个字，在不同的人眼里完全不同，对于同一个词我们都有可能有千差万别的印象，更不要说一次演讲、一次当众表达了。

不同的教育程度、职场、家乡、年纪等背景，组成了今天的你我，每个人都是自己经验的传递者，当我们表达自己的见解和意见的时候，往往是基于自己的人生经验而说的。

这个时候即使我们尽量站在对方的立场提出建议，也会有误差，这种理解上的误差是在所难免的。有一个办法可以减少误差，那就是用客观事实论证，而不是用意见论证。

前面说了，意见里含有想象的部分，主观因素较多，因为双方的认知和经历不同，没有办法做到"感同身受"地提出绝对合理的意见。所以，用"大白话"说出普遍事实，采用客观的论证论点是说服的基础。

不仅要用论证的方法，还要用"大白话"说出论证的论据。什么是"大白话"？就是通俗的、老人和小孩都能听懂的话。

比如，李白穷不穷？用"大白话"论证一下。

论点：李白不穷。

论据：李白有首诗叫《古朗月行》，里面有一句，"小时不识月，呼作白玉盘"。什么意思呢？用"大白话"解释下就是李白说他小时候不认识月亮，把月亮当作白玉制成的盘子。

一般人家的孩子怎么可能想到白玉制成的盘子呢？所以唐代诗人李白不仅不穷，可以说是从小家境富裕，是个富二代，比大多数人家的孩子都富有得多。你用这个论据去解释李白穷不穷的问题，不管是老人还是小孩都能听懂，盘子大家都见过，对吧？

一个古人小时候都能用玉盘子，我们作为现代人，也没有多少人能用玉盘子，这样的解释人人都能听得懂，误差小。

论证区别于意见，还有很重要的一点，那就是论证是有观点的，意见不一定有观点。"观点"有三层含义，一指观察事物时所处的立场或出发点，二专指政治观点，从一定的阶级利益出发所形成的对事物或问题的看法，三指从一定的立场或角度出发，对事物或问题所持的看法。

观点具有立场的唯一性，而意见可以不唯一。比如，甲乙双方吵架，我的观点是支持甲方，立场是甲方立场，或者支持乙方，立场是乙方立场。我的意见可以是给甲方意见，同时给乙方意见，相当于一个和事佬的角色。在有逻辑地说话的时候，需要区分自己说的是意见还是论证，一看主观还是客观，二看有没有观点。如果能够用大白话阐述自己的观点，那么既可以更加直白和减少误差，又可以使对方在接收你传递的信息时，理解得更加透彻，避免了误会的产生。

"知识的诅咒"其实并不好解决，因为人们的经历各不相同，但是想要真诚沟通的心，可以冲破阻碍，学习有逻辑地说话，其实就是降低知识的诅咒带来的伤害，让我们的表达更通俗易懂，更直观和高效。

05 提出论证的时候，用论据说话

美国短篇小说家安布鲁斯·比尔斯曾说过："逻辑学，一门关于思想和推理的艺术，逻辑能力的高低与误解产生的概率成反比。"

逻辑能力的高低往往在细节之处见分晓，不少人在使用逻辑的时候，由于对概念的理解不足，或者缺乏论据，容易导致逻辑谬误。当我们提出论证，建立一个论证结构的时候，关键的一点在于提出有力的论据，也就是当提出论证的时候，用论据说话。

论据是什么？

论据是用来证明论点的判断所用到的数据、原理、规律、原则等证明材料。

在之前的内容中，我们提到可以利用图表、数据、案例等多种素材作为证明和解释的资料，在建立一个论证的过程中，观点需要论据的支撑。

常见的脱离论据的方式是"主观臆断"。每个人都有自己的思维方式，可以说我们每一个人都活在自己的"偏见"里，这里的偏见是指人类会以自己为万物的衡量标准，善恶美丑，任何一个评判标准对于在不同国界、种族、地域的人来说都会有所不同。

我曾听过一个很生动的比喻，郭德纲说泰坦尼克号的沉没，对于世界上的人类来讲都是不幸，但是对于邮轮上面的活龙虾、活螃蟹，那就是生命的奇迹。仔细品味这句话，其实很有道理。很多时候我们觉得过不去的坎儿都是没有换个角度去思考问题。高晓松的母亲教育孩子说，孩子，当你看到的都是坑坑洼洼的时候，说明你的眼界还不够高，当你多读书，多往上走，看世界的角度高了，哪儿都是平的。

把一件事放在当下，和把一件事放在历史五千多年的卷轴里看，不同的视角会有不同的答案。万花筒的颜色都未必有人类看一个问题的视角那么多，主观判断受到强烈的个人认知、知识积累、人生体验的影响，主观臆断不能够作为判断的依据和论据。

当我们提出论点的时候，论据需要是真实的、有效的客观事实。

客观事实的重要性在本书中被反复提及，它是客观存在的事实。除了主观和客观的事实分类，事实也可以分为事物事实、事件事实。

客观事实中的客观，意思是不受人的意志影响的客观存在的事实，同时客观事实也是只在时间和空间中客观存在的事物、现象和过程。

当我们提出论点的时候，论据需要是与听众有关、可被理解的素材。

素材可以是案例、数据、真理、原则等，但是需要跟听众有关，这种有关是建立在听众接触过的基础上。比如，当一个专家教授在分享自己最新的研究成果时，他可能会用大量的专业名词和数据让听众接受信息，但是听众的知识水平和认知能力限制了他们对于专业名词的理解和认识，所以在很多无效沟通的情况里，并不是因为论证结构有问题，而是因为："对方没有听懂你的话"。

我们需要用老人小孩都能够听得懂的语言进行叙述，这点非常重要。当你需要解释一个复杂结构的时候，需要尽可能将这个结构跟听众的认知挂钩。还是以番茄炒蛋为例。

不同的人做番茄炒鸡蛋，步骤不一样、食材用量不一样、火候掌握不一样，味道自然不一样。想要表述同一件事，表达方式不一样，呈现出的效果也会迥然不同。

如果你真的能够深刻理解这一点、掌握这一点，你的表达就会更上一层楼。简练、精准的表达其实就是在细微处见真章。一个擅长表达的人不会让他的听众听得云里雾里，而会让他的听众完全能够理解并且吸收自己的观点。

当我们提出论点的时候，需要在分析听众之后，选择有益于听众的素材作为论据。

分析听众其实是整个对话或者单向表达的过程中，需要提前做功课的部分。听众在听你提出论点的时候，需要花时间和精力理解和消化你所说的内容。那么，当你提出论点的时候，论据是有益于听众的，其实是在给听众正向反馈。你潜意识里表达和透露的是这个话题与其有关。当听众真的很认真接受你的观点时，他内心想的是："这件事对我有益"。

只有论点和论据跟听众有关、对听众有益，听众才会有接受这样观点的意愿。在保证论据真实有效的基础之上，从分析听众的年龄、认知水平、教育程度、需求等多个角度出发，说出听众最期待的、最有价值的观点或论点，这样才能完成一个被大众所喜爱并接受的演讲或者沟通。

总结一下，说出论点的时候要用论据说话，论据需要是真实有效的、与听众有关的、可被理解的、对听众有益的素材，说明的方式可以有案例、图表、作类比、作比较、列数据等。

06　创造完整的前提

创造完整的前提，是论证中重要的一环，为了让读者更具体地了解前提的使用方法，接下来会介绍三点，分别是：前提的真实性、前提的相关性，以及前提的完整性。

在之前三段论的内容中，说到过三段论推理由大前提、小前提和结论组成。大前提抽象地得出一般性规律，小前提是从一般规律到个别具体的推理，最后从这个推理中得出结论。任何一个正确的论证，想要得到正确的结论，都需要达到两个要求——正确的内容和合理的论证结构。

第一点，**前提的真实性**。

结论的正确与否取决于作为前提的命题是否真实，如果结构合理，前提不真实，会产生逻辑谬论，例如：

每只猪都有六条腿。

野猪是猪。

所以，野猪有六条腿。

正常情况下，猪只有四条腿，因为前提与事实相悖，结论自然而然也是错的。如果我们的逻辑推理从一个错误的前提出发，即使推理结构或者论证过程合理，结论也依然是错误的。

前提不真实，再完美的论证结构也不能改变错误的结论。在使用逻辑推理的过程中，前提的真实性是保证结论正确的必要因素。在"失误的类型"一章里，我们强调过"不完整的前提"和"不正确的事实"都会让论证陷入误区，并且提到了如何保持数据、案例等论证内容的真实性，如果你忘记了，可以再翻看相关的篇章，加深记忆。

第二点，**前提的相关性**。

前提的真实性是论证结论正确的必要因素，但是如果前提之间不相关，即使前提是真实的，也无法论证结论的正确。在列出前提的时候，不仅需要前提拥有真实性，论证结构和前提也需要有相关性。

如果前提真实，论述结构合理，但是前提相关性不高，那么容易导致逻辑谬误。

比如：

王大哥的爷爷和奶奶都活到了80岁。

王大哥会打篮球。

王大哥长得好看。

所以王大哥适合创业。

假设所有的前提都是真实的，王大哥的爷爷和奶奶确实都活到了80岁，王大哥确实也会打篮球，王大哥可能真的长得浓眉大眼特别好看，但是这三个前提跟结论没有相关性。创业跟家人长寿、体育爱好、颜值没有强相关性，所以这个属于前提真实，但由于相关性不高，导致结论不成立。

再看一个职场选拔人才的案例：

实习生小李在上家公司是销售冠军。

实习生小李数学好。

实习生小李很年轻。

所以，实习生小李可以胜任财务岗位。

乍一看，好像数学好可以是相关的前提，但是会计岗位需要相应的证书证明，如初级、中级、高级注册会计师，最基本的是会计从业资格证书。数学好对财务工作有帮助，但是相关性不够强。

但是，当我们要说服别人的时候，特别是在进行简短有力的面试的时候，需要用最短的时间证明自己适合这个岗位。如果你是小李，应聘相关的会计岗位，正确的论证过程是：

我叫小李。

我毕业于某211知名大学会计专业。

我有8年会计从业经验。

我有高级会计师证书、国际注册会计师证书、美国注册管理会计师证书等。

所以，我能够胜任贵公司会计岗位。

前提真实，前提相关性高，论证结构合理，论证结论才能准确。这样的论证才具有足够的说服力，相关性并不是主观的判断，而是客观存在事实逻辑的内容，如例子中的会计岗位、会计师证书以及会计从业经历，都是互相关联的事实逻辑。

最后一个案例相比之前两个案例，前提的相关性更明显，并且属于强相关，如果你的论证前提与结论之间风马牛不相及，那么即使论证结构合理，也会因为前提的不真实和不相关，而无法论证出正确的结论。

第三点，**完整的前提**。

完整的前提需要在论证结构中体现出来。在前面，我们说了前提真实性和相关性，当两者都符合的情况下，前提和结构不完整，也无法推理出绝对正确的结论。直接论述可能不好理解，我们用案例来感受一下前提不完整或出现错误的论证结构。

例如：

每只小狗都是哺乳动物。

每只小猫都是哺乳动物。

所以，每只小狗都是小猫。

这个案例里面的前提是正确的，但是论证结论是错误的。前提不完整，论证结构也是错误的，所以导致了逻辑谬误。前提之间需要有联系，无关的前提放在一起，或者不完整的前提放在一起都会导致论述错误。

正确的论述结构：

每只小狗都是哺乳动物。

小黄狗是小狗。

所以，小黄狗是哺乳动物。

在前面的章节里，我们说过充分条件和必要条件，"充分必要条件"也叫作"充要条件"，意思是说，如果能从命题A推出命题B，而且也能从命题B推出命题A ，则称A是B的充分必要条件，且B也是A的充分必要条件。

如果有事物情况C，则必然有事物情况D，如果有事物情况D，则必然有事物情况C，那么D就是C的充分必要条件 。反过来说如果C、D两者互为充要条件，那么没有C，也就没有D。

完整的前提是正确结论的充分条件，但不是必要条件。把上面的案例拆解成大小前提，即：

大前提：每只小狗都是哺乳动物。

小前提：小黄狗是小狗。

结论：小黄狗是哺乳动物。

大前提和小前提，一定能够推理出结论，这符合完整的前提推理出结论的充分条件，但是反之，小黄狗是哺乳动物，推理出小黄狗是小狗，以及每只小狗都是哺乳动物，证明条件就是错误的，因为小黄狗是"个别"，而推理出一般规律，需要很多"个别"的案例作为支撑，数量越大，结论越正确。

所以完整的前提是正确结论的充分不必要条件。

总结一下，前提需要满足三点，分别是前提的真实性、前提的相关性，以及前提的完整性；满足这三点，再加上合理的论证结构，才可以论证出正确的结论。

07   逻辑性的飞跃

同样是讨论一件事情，有的人说得天花乱坠，有的人只能一板一眼，还有的人一点都说不出来，造成这样局面的原因是什么呢？你是不是也感受过思维的局限性，觉得自己逻辑推理能力很一般？这个小节我们就从方式、方法、工具这三个层面来说一说如何制造逻辑性的飞跃。

方式：思维的发散性与收敛性。

思维的发散性和收敛性是相对的概念，思维的发散性是由一个点发展成一个面；思维的收敛性是聚焦成一个点，由面聚拢成一个焦点。

思维的发散性用得好，有时候还可以救命。

电视剧《铁齿铜牙纪晓岚》中有这么一段。一次，纪晓岚在编写《四库全书》，天特别热，他就把上衣脱了，光着膀子边看边记笔记。突然，伴随一句"皇上驾到"，乾隆皇帝来了。纪晓岚没时间穿衣服，情急之下，瞬间钻到了桌子底下，藏住自己半裸的身子。过了许久，房间里安静了下来，纪晓岚以为皇上走了，就偷偷探出头问旁边的人：那老头子走了吗？

结果，这句话正好被乾隆听见，皇帝生气地问他："纪晓岚，你简直无法无天！你居然称朕为老头子，真是不知天高地厚！"

刹那间，龙颜大怒，眼看纪晓岚就要掉脑袋甚至株连族人。这时候，纪晓岚却不慌不忙，走到皇上边上，他说："皇上，臣可不是骂您，人们称皇上为万岁，活一万岁，这不是老吗？皇上乃一国之君，头字也有理可据，皇上乃真命天子，这里面也有个'子'字，三者相加不就是老头子吗？"乾隆一听，大笑着说了一句"哈哈哈哈，说得好！"，转怒为喜，称赞纪晓岚机智善辩，还奖赏了他。

在危急时刻，纪晓岚的发散性思维瞬间上线，由"老头子"的字面意思，一个个逐一破解，解释得其实八竿子才能打着，但是这样的解释却帮助他化解了尴尬。平日里，我们遭人误会或者口误的时候数不胜数，如果能善用发散性思维，很多尴尬局面都可以迎刃而解。

运用发散性思维的时候，需要提高自己的想象力，在接下来的内容里，我们会具体说到"头脑风暴"和"思维导图"，帮你打开想象力的空间，创造思维的跳跃性。在整本书里面，我们反复强调，深度思维的基础是"知识"。纪晓岚能够应付自如，一方面是拥有发散性思维，另一方面也正是知识积累得足够多。如果没有任何的知识积累而空谈逻辑思维，就像是没有地基的高层建筑，风一吹就倒了。

方法：头脑风暴。

头脑风暴最早来自精神病理学，用来指精神病患者的精神错乱状态。现在的头脑风暴大多数是指无限制的自由联想和讨论状态，目的在于刺激参与者发挥联想和产生创新的想法。

在《乌合之众》这本书里面，聊到了集体决策中最容易出现集体无意识，说的是个体在全体中的表达和决策中容易遭到群体意志的影响。头脑风暴正好相反，它的目的在于让所有人都发挥无限制的想象力，冲破这种互相影响的局面，发挥批判精神以及创造力。

如何做头脑风暴？

（1）保持表达的绝对自由：参与者不受任何限制，思想绝对放松，从不同的角度、方面、程度等，大胆展开想象力，提出独创性的角度和想法。

（2）禁止批评：禁止批评和互相抵触是头脑风暴的重要原则，参与讨论的过程中，不可以对彼此进行人身攻击以及批评和嘲讽，给予彼此足够的尊重和表达空间，不批评、不否定、不攻击、不打断。

（3）追求数量：短时间内进行大量的联想，并且做好记录，方便反馈和留下有用的想法。量变才能引起质变，只要时间充裕，应该大量地进行联想并且进行记录，越多越能够找到好的创意。

比如，如何增加番茄销量？

用头脑风暴展开无限制想象，可能会出现以下创意：

"降低价格，一分钱一个番茄。"

"生产蓝色的番茄。"

"番茄配牛肉最好吃，放在牛肉旁搭配洋葱一起卖。"

"设计云种植番茄平台，网友可以吃到自己看着长大的番茄。"

"把番茄包装成有机高端礼盒。"

"把番茄做成好吃的蛋糕、点心，变成网红零食。"

"做番茄大战的线下游戏。"

"用番茄做成衣，一定很惊艳。"

"小番茄切片加胶水制作水果耳钉。"

"像草莓音乐节一样，举办番茄音乐节、电影节。"

"举办番茄大胃王比赛。"

工具：思维导图。

思维导图是发散性思维的有效记录工具，简单、高效且实用。思维导图将思维形象化，运用图文，把各级主题的关系用互相隶属和相关的图表现出来，依靠主题、图形、颜色建立记忆链接。

思维导图在任何事情、任何需要记录和记忆的类目上面都可以帮助我们捋清楚逻辑关系，并且能高效记录信息。思维导图是记忆、学习、思考必备的思维地图。

如何做好思维导图？

思维导图可以分成两种，简单记录的版本和便于记忆的版本。假如你只是看完一本书想要记录书的基本架构，可以用简单版本，先确定一个大主题和1~7个分支，最好是1~7个，当然也可以更多，只是越多越不好整理。每个分支下面再增加各个小分支，分支还可以进行多次扩散，就像树干和枝干还有树叶一样，可以无限次地开枝散叶。

便于记忆的版本，需要尽量使用图形、颜色、画面、文字等多种立体记忆的技巧。最好是使用浮夸的想象和关联，内容越荒诞越容易记住。比如，你要记住一个单词"door"，你可以想象自己的家门就是"oo"，而门上挂着"d"和"r"的巨型香肠，有颜色、有画面、有立体形象，并且跟自己记忆中最强烈的、最深刻的"家门"挂上钩，这样你一秒就能记住，而且几乎不会忘记。

　　使用思维导图的具体方法，强烈建议看到这里的同学们再读一读托尼·博赞写的《思维导图》这本书，能够帮助你在考试、面试、演讲等多种场景中发挥记忆力的极致作用。还有一个词，如果读者有兴趣可以一起研究，叫作记忆宫殿，在这里就不多说了，感兴趣的同学可以另做研究，可以帮你开启思维的另一个神秘世界。

　　总结一下，思维逻辑性可以从这些方面改善：掌握思维的发散性和收敛性，熟知头脑风暴和思维导图如何运用等。在方式、方法、工具三管齐下的努力中，尽可能丰富自己的知识体量，通过大量地阅读、实践、反思，积累逻辑思维的深度以及宽度，在思维的海洋里遨游，从而享受这个世界带给你的最极致的享受，那就是想象力的世界。

　　学习逻辑思维的过程，就像是换不同的放大镜观察这个世界，一般的放大镜可以看到鲜花里面的纹路，生物的演变；再换个放大镜，可以看到细菌的世界，微生物的样子，菌类的演变。这就是学习思维逻辑的过程，在满足你好奇心的同时，还可以给你一个更微妙、神奇、美丽的世界。

08　高效的讨论方法

　　在工作中，你有没有遇到过这种情况？一堆人坐在办公室开会，过去了好几个小时，也讨论不出结果，没有人有清晰的思路，到最后所有人精疲力尽，感觉什么都没有落实到位，但是所有人都已经耗光了精力。

　　回顾一下这些沟通讨论的场景，我们通常会感觉集体讨论低效又无用，有的人钻牛角尖，在细枝末节的小事情上高谈阔论；有的人奇思妙想，从一个小事情联想到巨大的隐患，越聊越脱离主题；有的人就像唐僧一样啰啰嗦嗦，用三寸不烂之舌，一个人口吐莲花，说了一大堆不痛不痒的事情；还有很多人沉默不语，没有更好的解决办法，也不想参与到毫无结果的海量沟通话术之中。

有什么办法能够破解这样浪费时间和生命的魔咒呢？什么是高效的讨论方法呢？接下来我们就来了解一下如何讨论才能够变得高效。

第一，**明确讨论主题**。

马克·吐温说过："人生中最重要的两天是你出生的那天，以及你找到人生目的的那天。"讨论一定是根据某个目的和主题展开的，就像是一个舞蹈或者歌曲，甚至小品，主题就是它的标题，是点睛之笔。为了让所有参与的人都能够了解彼此表达的直接目的是什么，需要用一句话明确主题。

比如，工作场景中常见的主题有"年度/月度工作汇报""年会怎么办？""薪资待遇制定标准""人事变动安排""项目进度汇报"等。

最重要的主题有且只能够有一个，如果有多个主题就按照重要层次进行排序。重要程度怎么排序呢？可以按照重要程度和紧急程度分为四个象限。

第一象限：重要又紧急。

包含紧急而重要的事情，这一类的事情时间紧又很重要，没有办法逃脱，也等不得，必须处于最优先解决的顺位。它可能是谈判或超级客户的电话会议等。

第二象限：紧急不重要。

包含紧急但不重要的事情。比如，过年了，邻居马大姐让你去打麻将，现在三缺一；新来的实习生找不到办公室，打电话向你求助；亲戚朋友到了你所在的城市，给你打电话让你接送等。这些事情是最容易迷惑当事人的事情，总觉得很紧急，不办理就会导致糟糕的结果，但往往全部做好了也不一定有什么回报。人生如果沉迷于解决紧急但不重要的事情，往往匆忙一生，碌碌无为。

第三象限：不重要且不紧急。

第三象限的事情大多是些琐碎的杂事，既不紧急也不重要，做多了都是浪费时间，或者是故意放纵的享受，比如，不停地看朋友圈、逛微博、看淘宝、刷抖音，毫无目的。

第四象限：不紧急但重要。

这一象限的事情在时间的角度来说并不具备紧迫性，但是，它对于人生某个阶段具有重大影响。比如，你想成为一个什么样的人，你想做成一件什么事情，或者你想获得什么样的成就和反馈。

这个象限的事情，今天、明天、后天好像都没有办法完成，但是跨过时间的长河，它就像一条线，由每天细小的点汇集而成，今天断一点、明天断一点，这条线永远达不到目的地，编织不成你想要的梦网，只有苦行僧一般，在没有人鼓掌的时候把重要的事情坚持做下去，才会终有一天水到渠成。

重要且紧急的事>重要不紧急的事>紧急不重要的事>不重要且不紧急的事。

在明确了讨论的主题之后，列出需要解决的事情，按这个重要程度把事情分类，一件事情解决了再解决下一件事情，以此达到效率最大化。即使没有全部解决，在解决了重要的事情之后，小事也可以不那么重要且紧急了。这样做的好处是，不仅效率高，还不会在不重要的事情上浪费过多的讨论时间。

第二，**明确讨论范围**。

一个事项会涉及"人""事""物""时间"等多个维度，明确空间和时间范围，最基础的模板就是"哪些人在哪个时间范围做好哪些事情，需要哪些物品的支持"。这里的"物品"包含"软件"和"硬件"。软件是指电子文件、虚拟工具、社交软件等，硬件是指实体物品。

讨论范围还可以是根据主题演变出的内容，如果讨论的主题是谈判如何成功，那么价值尺度就跟往常不一样。谈判需要明确双方的筹码、底牌，还有"谈判的游戏规则"，博弈之下，争取利益最大化。

第三，**明确表达逻辑**。

第一种类型：问题解决类逻辑。

```
┌─────────────────────────┐
│      确定主题和主要问题      │
└─────────────────────────┘
            │
            ▼
┌─────────────────────────┐
│        提出具体目标        │
└─────────────────────────┘
            │
            ▼
┌─────────────────────────┐
│    罗列现状（事实、数据）    │
└─────────────────────────┘
            │
            ▼
┌─────────────────────────┐
│        提出解决方案        │
└─────────────────────────┘
            │
            ▼
┌─────────────────────────┐
│        列出解决步骤        │
└─────────────────────────┘
            │
            ▼
┌─────────────────────────┐
│        实施解决方案        │
└─────────────────────────┘
            │
            ▼
┌─────────────────────────┐
│       复盘和调整误差       │
└─────────────────────────┘
```

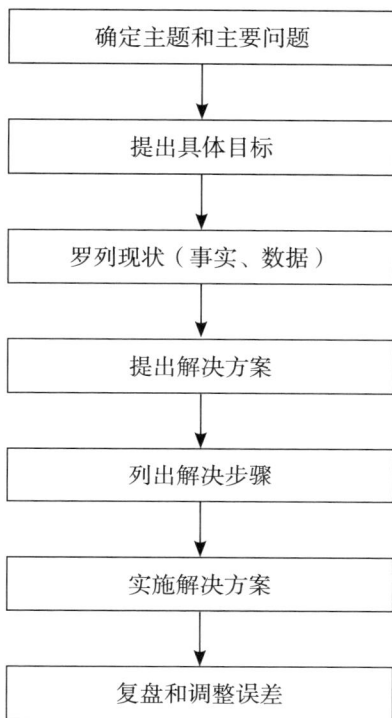

首先要确定主题和主要问题，圈定一定的讨论范围，防止话题过度扩散。下一步就是提出具体目标，比如，年度总结大会一般会有对过去的回顾以及对未来的期盼，也就是目标，提出具体可行的目标，在激励员工的同时也对未来有所规划。

罗列现状，要求用事实和数据把目前的事情发展展开呈现在众人面前，这一步需要在讨论开始之前做些准备，把需要用到的数据、图片、PPT、工具、案例等素材准备好，在沟通过程中，作为引用的资料。

接着是提出解决方案和列出解决步骤，具体到事情和人，以及时间。

接下来，实施解决方案。最后，即使有具体目标，也有误差和认知偏差，所以在规划内容完成后，应及时复盘和调整误差，将目标具体化，减少目标的误差。

第二种类型：工作汇报类逻辑。

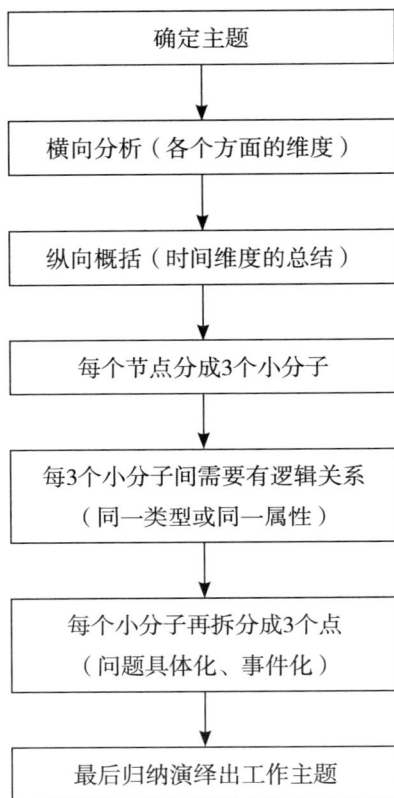

```
┌─────────────────────────┐
│        确定主题          │
└─────────────────────────┘
            │
            ▼
┌─────────────────────────┐
│  横向分析（各个方面的维度）  │
└─────────────────────────┘
            │
            ▼
┌─────────────────────────┐
│  纵向概括（时间维度的总结）  │
└─────────────────────────┘
            │
            ▼
┌─────────────────────────┐
│   每个节点分成3个小分子    │
└─────────────────────────┘
            │
            ▼
┌─────────────────────────┐
│  每3个小分子间需要有逻辑关系 │
│   （同一类型或同一属性）    │
└─────────────────────────┘
            │
            ▼
┌─────────────────────────┐
│   每个小分子再拆分成3个点   │
│   （问题具体化、事件化）    │
└─────────────────────────┘
            │
            ▼
┌─────────────────────────┐
│   最后归纳演绎出工作主题    │
└─────────────────────────┘
```

参考金字塔原理：金字塔原理是一种重点突出、逻辑清晰、主次分明的逻辑思路和表达方式，来自芭芭拉·明托写的《金字塔原理》这本书。**金字塔原理强调先抛出结论，围绕结论进行具体事件的分析，即"从结论说起"。**

金字塔原理的表达结构有两个逻辑。

纵向：上一层必须是下一层思想的总结和概况。

横向：每一层的思想比较是在同一个逻辑范畴，同时也是相互独立和完全覆盖的。

在每一层思想组织的过程中，有四种组织形式：时间结构、空间结构、重要性结构、演绎结构。其中演绎顺序包括：大前提、小前提和结论三个部分。

总的来说，金字塔的基本结构是：中心思想明确，结论先行，以上统下，归类分组，逻辑递进；先重要后次要，先全局后细节，先结论后原因，先结果后过程。

第三种类型：宣讲和说服类逻辑。

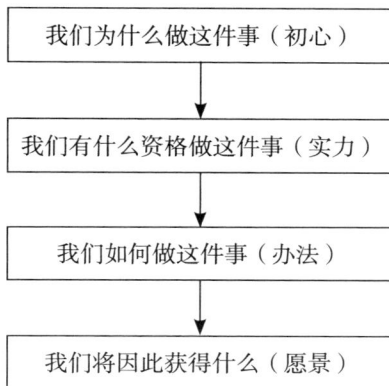

```
我们为什么做这件事（初心）
        ↓
我们有什么资格做这件事（实力）
        ↓
我们如何做这件事（办法）
        ↓
我们将因此获得什么（愿景）
```

比如，很早之前，有两个计算机品牌在市场上进行竞争，即戴尔和苹果。

戴尔的宣传：我们生产最棒的计算机，采用完美的设计和制造工艺以确保最佳用户体验，买一台吗？

苹果的宣传：我们一直坚信，我们所做的每一件事情，都非同凡响，生而不同。我们一直在挑战传统，打破常规。所以我们在产品设计、工业制造和用户体验上花费了巨大精力，一切都是为了让我们的用户获得极致体验。我们所有的产品都遵循这一规则，怎么样，买一台吗？

两个广告都是想刺激你购买，但你会选谁？在做选择的时候，用户真正感兴趣的是"你为什么要做这件事"。一个人想挣钱，另一个人想要拯救世界，你更愿意帮助谁？当然是一起拯救世界了。

在说服这件事上面，还有一个著名的法则叫作"黄金圈法则"黄金圈法则是一种以目标为中心的思维方式，它强调要按照**初心—方法—行动**的顺序从内而外地思考问题。用感性打败理性，简而言之就是充分发挥好"共情力"，让听众感受你、理解你、成就你。

第四，**结尾确定论点**。

最后一点就是"结尾确定论点"，在讨论结束时，需要再次调整焦点，把讨论的焦点回归到主题以及目标上面，根据主题和目标还有讨论的过程，得出明确的论点。我们应习惯在每次讨论结束之后进行总结陈词，把讨论的主题、目标、逻辑、结论等梳理一遍，对未处理和解决的问题再次进行强调，可以极大地增加讨论的效率。

结尾确定论点，就像是文章结尾的主题升华，类似于画龙点睛，是浓墨重彩的一笔。在规定时间内结束讨论，既可以节省时间，又可以瞬间集中所有人的注意力，开头和结尾一样重要，讨论高效与否就看结尾是否含有有价值的论点。

总结一下，什么是高效的讨论办法？

你需要做到这些：

第一步：明确讨论主题，确定主题后如果有多个重要事项，按照重要程度进行排序。

第二步：明确讨论范围，常见的人、事、物和时间范围。

第三步：明确表达逻辑，分为问题解决类、工作汇报类和宣讲说服类。

第四步：结尾确定论点。

09　有效的讨论技巧

在这一节里，我想跟你聊一聊有效的讨论技巧这件事。你觉得每次在讲话中对方想要得到的是什么呢？一个答案？一个解决问题的思路？或者对方根本没有意识到自己应该在每次沟通之后拥有"获得感"。

"获得感"是本书，一直在执行层面叙述但是没有点明的重点。很多人学习逻辑表达的目的是"赢",赢得一次机会,赢过对方,赢得漂亮一点。

在很多沟通讨论的场景里,讨论变成了辩论,火药味越来越浓,甚至毫不理会事实依据,陷入狂热的"我想赢"的境地里,真理似乎已经不重要了。

这样的讨论,只是让双方陷于困境,对于事件的推动作用微乎其微。我们经常说一个人说话火药味很足,其实是他很想赢,他不想输掉任何一场讨论或辩论。

"想赢"并没有什么错,但是陷入狂热的情绪里,会让我们距离事情的真相或者真理越来越远。而有效的讨论技巧,其实是让你离真理越来越近的技巧,其中包括:情绪稳定、明确论点和目的、罗列大小前提、罗列数据和事实、依据逻辑结构依次表达。

第一点,**情绪稳定**。

当你意识到自己已经怒火攻心的时候,应该立即停止讨论,因为过度暴躁或者伤心都会影响判断的理性。在前面的章节里,我们提到过情绪是"大象",而理性则是"骑象人",当大象失控,骑象人也无可奈何。

情绪稳定的另一层含义,是在讨论过程中使用"共情力"。共情力可以迅速帮你建立人和人之间的情绪连接,如果你不太理解,你可以看看下面这个故事:

相传刘伯温赶路口渴,一女主人知道后,给他舀了一瓢水,却在水中撒了一把秕谷皮。

他觉得受到了捉弄,无奈之下只好一边吹,一边慢慢喝。

然后女主人请他看风水,他就随手指了一个地方。没想到几年之后机缘巧合,刘伯温又经过此处,发现女主人家道殷实。他十分不解,于是又问了当年水中放秕谷皮的事。女主人说:"当年看你赶路着急,又是满头大汗,若是你猛灌水来解渴,不仅解不了渴,还会让你生病,因此撒秕谷让你缓缓气,慢慢喝。"

听了女主人的话，刘伯温才知道是自己误会了女主人，感叹道：

"善良之家不用看风水，哪里都是福兴宝地！"

女主人虽然说不出"共情力"这个具体的词汇，但是她设身处地地为别人着想，让对方知道真相后产生了情绪上的共鸣，这就是共情力的实际操作。人和人的思维可以同步，就像是磁场发生了连接，最有效、最快的搭建思维"鹊桥"的技巧就是"共情力"。

第二点，**明确论点和目的**。

在讨论过程中，开头和结尾都需要论述自己的论点和目的，防止偏题。在前面的章节我们讲到开头、本论和结尾。开头需要明确自己的立场和论点，明确自己的目的。

在《沟通的艺术》这本书里，把沟通的目的分为四个主要的类型，分别是被接收、被理解、被接受、使对方采取行动。

被接收指的是，被沟通对象从感官层面认真对待沟通内容。

被理解指的是，让对方从头脑层面理解沟通内容。

被接受指的是，让对方从心理层面认可沟通内容。

使对方采取行动指的是，让对方在具体的行动上，提供反馈和支持，然后达成最终的目的。

判断沟通是否有效，就是看四个目标有没有被完成，或者说是否至少有一个完成了，如果一个都没有完成，那么这就是一场无效的沟通和讨论。

第三点，**罗列大小前提**。

在前面的章节中，我们讲到了完整的前提有多重要，在论述过程中，前提的缺失容易导致逻辑谬论，在讨论过程中需要把前提列举出来。

第四点，**罗列数据和事实**。

在表达的时候，需要区分"推测"和"事实"。很多人会把自己的推测作为观点。比如，"北上广深上班特别累"，这是事实还是推测？能不能作为论据？

当然不能。当你想到一个论据，但不确定是否是事实的情况下，多问几个为什么，答案就有了。

为什么北上广上班特别累？

因为加班特别多，可是老板并不加班。

为什么老板并非不加班？

因为上班制度是老板定的，老板们有权利修改自己的上班时间。

所以反之，是不是所有的人都是加班，都特别累？当然不是，该事实显然并不成立。

除此之外，人可以说谎，但是真实的数据不会说谎。想要看一家公司是否经营异常，只要看它的年度财务报表，人员工资配给、主营业务收入与支出、税务、房租与物业费等。

数据可以更真实地体现事实情况。当你想要去一家公司面试，可以先了解该公司的相关数据，现在很多app都可以查到一些基础的数据，数据未必十分真实和详尽，但是知道得越详细，越能够帮助我们作出准确判断。

第五点，**依据逻辑结构依次表达**。

回顾逻辑结构表达类型，我们可以通过演绎、归纳、直言三段式、假言三段式、真言三段式、二难推论等多种逻辑结构进行阐述和表达，根据不同的目的，选择不同的表达结构。

在整本书的最后，我想给你讲个故事。

有一天，一个教授到了一个穷乡僻壤，需要去江边坐船。上了船，教授问船夫："你学过数学吗？"

船夫说："没有。"

教授问："你学过物理吗？"

船夫说："没有。"

教授问："你懂不懂计算机啊？"

船夫说："不懂。"

教授看着眼前这个年轻的船夫，感慨道："哎哟！你这三样都不会，你的人生已经失去了一半。"

过了一会儿，变天了，刹那间，乌云密布，狂风大作，暴雨如注。

船夫问教授："您会游泳吗？"

教授说："我不会。"

船夫回了一句："那可能你要失去整个生命了。"

我们从小到大都在被灌输知识，有一些我们掌握了，有一些没有掌握，还有一些不想掌握，但是知识是否就变成了能力？知识又给我们的生命质量带来了什么样的影响呢？我们的一生追逐的到底是什么？学习逻辑表达，是为了靠近什么？

我有个答案供你参考，知识和逻辑是为了接近智慧。

纵观时间的长河，历史的沉淀，人类的演变，我们从一个细胞，变成一个人，再组成一个民族、国家，乃至整个世界。人类在逻辑推理中归纳演绎出万事万物的生长变化，衍生出科技、医疗、教育，以至人类文明。

学习逻辑表达是一件性感的事情，它让我们的灵魂和思想在世间跳舞，它让我们在生命的实践中接近智慧，仔细观察，你可能会发现所有的哲学、宗教、信仰到最后都是为了获取智慧，推开死神把守的那道门，让生命超越时间的跨度无限延长。我们的肉身终会消逝，但逻辑的魅力、智慧的灵魂会在世间长存。